Günter Scholze-Mertens

Englische GRAMMATIK All Inclusive

ademo

Englische Grammatik
All Inclusive

ISBN 978-3-86715-300-3

Genehmigte Ausgabe für ademo.

VORWORT

Die **englische Grammatik – All Inclusive** ist ein lehrbuchunabhängiges Lern- und Nachschlagewerk, das die Grundlagen der englischen Grammatik behandelt. Es richtet sich an Studenten, Selbstlerner, Schüler und Volkshochschüler.

Besonderer Wert wurde auf einen übersichtlichen Aufbau gelegt, denn Übersichtlichkeit erleichtert das Lernen erheblich. So wurde stets darauf geachtet, dass die Einsparung von ein paar wenigen Seiten im Endeffekt nicht auf Kosten der Übersichtlichkeit ging.

Jeder Regel und ihrer Erklärung sind die entsprechenden Beispiele gegenübergestellt. So ist die Anwendung der Regel unmittelbar anhand der Beispiele nachvollziehbar. Die deutsche Übersetzung, die angegeben ist wo immer erforderlich, beugt zusätzlich Verständnisschwierigkeiten vor.
Durch die Gegenüberstellung von Sachverhalten in Tabellen sind Unterschiede bzw. Parallelen sofort zu erkennen und leichter zu lernen.
Komplexe Sachverhalte sind in ansprechend gestalteten Übersichten zusammengefasst. Diese kann man sich somit besser einprägen.
Die sinnvolle Sortierung der Sachverhalte ist eine wesentliche Lernhilfe. So sind inhaltlich zusammengehörende Sachverhalte auch zusammen abgehandelt. Es konnte daher auf Querverweise verzichtet werden und die damit verbundene Sucherei entfällt.

Alle grammatischen Fachausdrücke mit ihrer englischen Bedeutung und nicht zuletzt mit dem entsprechenden deutschen Begriff (z.B. Tunwort) sind stets an Ort und Stelle und in einer ausführlichen Liste zum Nachschlagen erläutert.

Verfasser und Verlag

Inhaltsverzeichnis

Inhaltsverzeichnis

DAS ADJEKTIV

DAS ADVERB

DAS ZAHLWORT

DAS PRONOMEN

DIE KONJUNKTION

DIE PRÄPOSITION

Inhaltsverzeichnis

Abkürzungen

a. m.	ante meridiem
adv.	adverbial
adv. Best.	adverbiale Bestimmung
AE	amerikanisches Englisch
BE	britisches Englisch
bzw.	beziehungsweise
Con.	conditional
Con. Perf.	conditional perfect
d. h.	das heißt
dir.	direkt
etc.	etcetera
etw.	etwas
fem.	feminin
Fut. P. P.	future perfect in the past
Fut. Past	future in the past
Fut. Perf.	future perfect
Future T.	future tense
Ger.	gerund
Imp.	Imperativ, imperative
Ind.	Indikativ, indicative
indir.	indirekt
ind.	indirekt
Inf.	Infinitiv, infinitive
jm.	jemandem
jn.	jemanden
Kon.	Konsonant
Kurzf.	Kurzform
lat.	lateinisch

mask.	maskulin
Mod.	Modus
neutr.	neutrum
Nu.	Numerus
Nom.	Nominativ
o. s.	oneself
p. m.	post meridiem
Part.	Partizip, participle
Past Part.	past participle
Past Perf.	past perfect
Past T.	past tense
Perf.	Perfekt, perfect
Perf. Inf.	perfect infinitive
Pers.	Person
Plur.	Plural
Pos. Case	possessive case
präd.	prädikativ
Pres. Inf.	present infinitive
Pres. Part.	present participle
Pres. Perf.	present perfect
Pres. T.	present tense
pres. tense	present tense
Pron.	Pronomen
Refl. pron.	Reflexivpronomen
s.o.	someone
s.th.	something
Sing.	Singular
Subj. pron.	Subjektpronomen
vgl.	vergleiche
z. B.	zum Beispiel

Das Alphabet (The Alphabet)

Buchstabe	Aussprache	Buchstabe	Aussprache
a	[ei]	**n**	[en]
b	[bi:]	**o**	[ou]
c	[si:]	**p**	[pi:]
d	[di:]	**q**	[kju:]
e	[i:]	**r**	[a:*r*]
f	[ef]	**s**	[es]
g	[dʒi:]	**t**	[ti:]
h	[eitʃ]	**u**	[ju:]
i	[ai]	**v**	[vi:]
j	[dʒei]	**w**	[dʌblju:]
k	[kei]	**x**	[eks]
l	[el]	**y**	[wai]
m	[em]	**z**	[zed] (BE) [zi:] (AE)

Die oben verwendeten Zeichen der internationalen Lautschrift werden wie folgt ausgesprochen:
[:] kennzeichnet einen langgezogenen Laut,
[ʒ] stimmhaftes (weiches) -sch (wie zum Beispiel in ***G**enie*),
[ʃ] stimmloses (scharfes) -sch (ähnlich dem deutschen -sch),
[*r*] Zungenspitze wird an den Obergaumen gelegt (im britischen Englisch wird dieses -r nur vor Vokal gesprochen, im amerikanischen Englisch wird es auch vor Konsonant und am Wortende gesprochen),
[ʌ] kurzes, offenes -a.

Die Betonung (Accentuation)

Für die Betonung lassen sich keine allgemeingültigen Regeln aufstellen. Die folgenden Ausführungen stellen die wichtigsten Grundregeln dar.

Zwei- und dreisilbige Wörter

Die meisten zwei- und dreisilbigen Wörter werden auf der ersten Silbe betont.

- **bal-ance**
- **ar-ti-cle**

Vier- und mehrsilbige Wörter

Vier- und mehrsilbige Wörter werden meist auf der drittletzten Silbe betont.

- **con-serv-a-tive**
- **rep-re-sent-a-tive**

Die Aussprache (Pronunciation)

Zwischen Aussprache und Schreibweise bestehen im Englischen erhebliche Unterschiede.
Die folgenden Ausführungen sollen mithelfen von der Aussprache auf die richtige Schreibweise schließen zu können. Die Zeichen der internationalen Lautschrift (in eckigen Klammern) sind in den danebenstehenden Beschreibungen erläutert.

Die Vokale (The Vowels)

Die Vokale (Selbstlaute) sind Laute, bei deren Aussprache kein anderer Laut benötigt wird. Zu den Vokalen gehören **a, e, i, o, u.**

a	[ɑ:] (BE) [æ] (AE)	Langes, dunkles -a (BE). Helles, offenes -ä (AE).	• after • task
	[ɔ:]	Langes, offenes -o.	• ball • false
	[ə]	Kurzer, unbetonter „Murmellaut“, ähnlich dem kurzen deutschen -e.	• about • countable
	[ei]	Einsilbig gesprochener Diphthong aus -e und -i.	• blame • fame

	[æ]	Helles, offenes, nicht zu kurzes -ä.	• c**a**t • m**a**n
e	[e]	Kurzes, halbgeschlossenes -e.	• b**e**d • g**e**t
	[ə]	Kurzer, unbetonter „Murmellaut“, ähnlich dem kurzen deutschen -e.	• fir**e**d • tir**e**d
	[i:]	Langes, dumpfes -i.	• b**e** • h**e**
	[-]	Das -e bleibt am Wortende und vor bzw. nach -l häufig stumm.	• conceiv**e** • candl**e**
i	[i] [i:]	Kurzes, offenes -i bzw. langes, dumpfes -i.	• m**i**x • techn**i**que
	[ai]	Einsilbig gesprochener Diphthong aus hellem -a und -i.	• div**i**de • tr**i**be
o	[ɔ] (BE) [ɑ] (AE)	Kurzes, sehr offenes -o (BE). Kurzes, dunkles -a (AE).	• c**o**st • h**o**t
	[ou]	Einsilbig gesprochener Diphthong aus -o und -u.	• cl**o**se • n**o**te
	[ə]	Kurzer, unbetonter „Murmellaut“, ähnlich dem kurzen deutschen -e.	• **o**bey • **o**bedience
	[u]	Kurzes, halbgeschlossenes -u.	• d**o** • w**o**man
u	[(j)u(:)]	Kurzes bzw. langes, halbgeschlossenes -(j)u. In der modernen Sprache wird es besonders nach -d, -t, -th, -n und -s und im amerikanischen Englisch wie -u ausgesprochen.	• p**u**re • ref**u**ge • ill**u**sion • st**u**dent • t**u**be

	[ʌ] (BE) [ə :](AE)	Kurzer, halboffener Laut zwischen -o und dunklem -a (BE). Langer „Murmellaut“ (AE).	• b**u**t • h**u**rry • h**u**sband
	[i]	Kurzes, offenes -i.	• b**u**sy • b**u**siness

Neben den reinen Vokalen gibt es noch Verbindungen aus zwei Vokalen (Diphthonge) oder Vokal und Konsonant.

ai	[ei]	Einsilbig gesprochener Diphthong aus -e und -i.	• **ai**m • det**ai**l
	[ɛ ə]	Halbgeschlossenes, halblanges -ä.	• **ai**r • h**ai**r
au	[ɔ:]	Langes, offenes -o.	• **au**ction • **au**tobus
	[ɑ:]	Langes, dunkles -a.	• **au**nt • dr**au**ght
aw	[ɔ:]	Langes, offenes -o.	• **aw**ful • l**aw**
ay	[ei]	Einsilbig gesprochener Diphthong aus -e und -i.	• m**ay** • s**ay**
ea	[i:]	Langes, dumpfes -i.	• cl**ea**n • **ea**gle
	[ɔ]	Kurzer, unbetonter „Murmellaut“, ähnlich dem kurzen deutschen -e.	• **ea**rn • l**ea**rn
	[ɛ ə]	Halbgeschlossenes, halblanges -ä.	• b**ea**r • w**ea**r
	[e]	Kurzes, halbgeschlossenes -e.	• br**ea**kfast • h**ea**ven
	[ei]	Einsilbig gesprochener Diphthong aus -e und -i.	• br**ea**k • st**ea**k

ee	[i:]	Langes, dumpfes -i.	• m**ee**t • n**ee**d
ei	[ei]	Einsilbig gesprochener Diphthong aus -e und -i.	• **ei**ght • w**ei**ght
	[ai]	Einsilbig gesprochener Diphthong aus hellem -a und -i.	• h**ei**ght • **ei**dolism
eu	[ju(:)] (BE) [u(:)] (AE)	Kurzes (bzw. langes), halbgeschlossenes -ju (BE) bzw. -u (AE).	• n**eu**rological • n**eu**tral
ew	[ju:] (BE) [u:] (AE)	Langes, halbgeschlossenes -ju (BE) bzw. -u (AE).	• n**ew** • n**ew**spaper
ey	[i:]	Langes, dumpfes -i.	• k**ey** • mon**ey**
ie	[i:]	Langes, dumpfes -i.	• med**ie**val • spec**ie**s
ia	[aiə]	Einsilbig gesprochener Diphthong aus hellem -a und -i und kurzem, unbetontem „Murmellaut", ähnlich dem kurzen deutschen -e.	• b**ia**s • d**ia**l • l**ia**r • tr**ia**l
	[-]	In einigen Fällen bleibt das -i stumm.	• As**ia** • parl**ia**ment
ir	[ə:]	Langer Laut, ähnlich dem [ə], jedoch bei gespreizten Lippen zur Vermeidung des ö-Lautes.	• c**ir**cuit • f**ir**st • th**ir**st
oa	[ou]	Einsilbig gesprochener Diphthong aus -o und -u.	• b**oa**t • s**oa**p
	[ɔ]	Kurzes, sehr offenes -o.	• c**oa**rse • r**oa**r
oe	[u:]	Langes, halbgeschlossenes -u.	• can**oe** • sh**oe**

	[ou]	Einsilbig gesprochener Diphthong aus -o und -u.	• toe • woe
oi	[ɔi]	Einsilbig gesprochener Diphthong aus kurzem, offenem -o und -i.	• oil • soil
oo	[u(:)]	Kurzes (bzw. langes), halbgeschlossenes -u.	• foot • root
	[ʌ]	Kurzer, halboffener Laut zwischen -o und dunklem -a.	• blood • flood
	[ɔ]	Sehr offenes, kurzes -o.	• door • floor
ou	[u(:)]	Kurzes (bzw. langes), halbgeschlossenes -u.	• could • soup
	[au]	Einsilbig gesprochener Diphthong aus hellem -a und -u.	• doubt • house
	[ʌ] (BE) [ə :] (AE)	Kurzer, halboffener Laut zwischen -o und dunklem -a (BE). Langer „Murmellaut", ähnlich dem [ə] (AE).	• courage • touch
	[ɔ]	Langes, offenes -o.	• court • pour
ow	[ou]	Einsilbig gesprochener Diphthong aus -o und -u.	• mow • own
	[au]	Einsilbig gesprochener Diphthong aus hellem -a und -u.	• brown • down
oy	[ɔi]	Einsilbig gesprochener Diphthong aus kurzem, offenem -o und -i.	• boy • joy
ue	[ju:] [u:]	Langes, halbgeschlossenes -ju bzw. -u.	• argue • blue

ui	[i]	Langes, dumpfes -i.	• bisc**uit** • circ**uit**
	[u:]	Langes, halbgeschlossenes -u.	• br**ui**se • cr**ui**se
ur	[ə:]	Langer Laut, ähnlich dem [ə], jedoch bei gespreizten Lippen zur Vermeidung des ö-Lautes.	• **ur**ge • s**ur**geon • Th**ur**sday

Das folgende Schaubild stellt die Aussprache der Vokale und Diphthonge und ihre möglichen Schreibweisen im Überblick dar. In der obersten Zeile der Tabelle sind die Laute, in der 1. Spalte sind die möglichen Schreibweisen aufgeführt.
Die Länge und Kürze, Stimmhaftigkeit und Stimmlosigkeit der Laute bzw. die britische und amerikanische Ausspracheweise ist nicht mehr separat gekennzeichnet. Verwandte Laute sind in einer Spalte zusammengefaßt.

	[ɑ], [ʌ]	[æ], [εə]	[ai]	[au]	[ə], [e]	[ei]	[i]	[ɔ]	[ɔi]	[ou]	[(j)u]
-a	after	cat			about	blame		ball			
-ai		air				aim					
-au	aunt							auction			
-aw								law			
-ay						say					
-e					tired bed		be				
-ea		wear			learn	break	clean				
-ee							need				
-ei			height			eight					
-eu											neutral
-ew											new
-ey							key				

	[ɑ], [ʌ]	[æ], [εə]	[ai]	[au]	[ə], [e]	[ei]	[i]	[ɔ]	[ɔi]	[ou]	[(j)u]
-i			divide				mix				
-ie							species				
-ir					first						
-o					obey			cost		close	do
-oa								roar		boat	
-oe										toe	shoe
-oi									oil		
-oo	blood							door			root
-ou	touch			doubt				court			could
-ow				brown						own	
-oy									boy		
-u	but						busy				put
-ue											blue
-ui							biscuit				bruise
-ur					urge						
-y			cry				heavy				

Die Konsonanten (The Consonants)

Die Konsonanten (Mitlaute) sind Laute, für deren Aussprache noch ein anderer Laut benötigt wird. Zu den Konsonanten zählen alle Laute außer den Vokalen.

b, d, f, h, k, m, n, p, t

Diese Konsonanten werden wie die entsprechenden deutschen Konsonanten ausgesprochen.

- **b**reak
- **d**evote
- **f**ever

c [s]

Vor -e und -i ist es ein stimmloses -s.

- **c**eiling
- spe**c**ies

	[ʃ]	Vor -e und -i ist es ein stimmloses -sch.	• espe**c**ial • so**c**ial
	[k]	Vor -a, -o und -u, vor Konsonant und am Wortende wird es wie -k ausgesprochen.	• **c**ost • **c**radle • plasti**c**
ch	[(t)ʃ]	Es ist vor allem am Wortanfang und am Wortende ein stimmloses -tsch, in der Wortmitte ist es meist ein stimmloses -sch.	• **ch**eat • sear**ch** • ma**ch**ine • para**ch**ute
	[k]	Es wird nach kurzem, betontem Vokal und vor allem am Wortende wie -k ausgesprochen.	• te**ch**nique • epo**ch** • monar**ch**
g	[g]	Es wird vor -a, -o, -u, vor Konsonant, vor -e, -i, -y in germanischen Wörtern wie -g ausgesprochen.	• **g**ame • **g**race • **g**et
		Soll es vor -e, -i und -y wie -g ausgesprochen werden, wird nach dem -g ein -u eingefügt.	• collea**gu**e • fati**gu**e • **gu**est
	[dʒ]	In romanischen Wörtern ist es vor -e, -i und -y ein stimmhaftes -dsch.	• **g**eneral • **g**ymnastic
		Soll es vor -a, -o, -u wie stimmhaftes -dsch ausgesprochen werden, wird nach dem -g ein -e eingefügt.	• ser**ge**ant • **ge**ography • pi**ge**on • sur**ge**on
gua	[gɑ:]	Verbindung aus -g und langem, dunklem -a. Das -u bleibt stumm.	• **gua**rd • **gua**rantee
gui	[gai]	Verbindung aus -g und einsilbig gesprochenem Diphthong aus hellem -a und -i. Das -u bleibt stumm.	• dis**gui**se • **gui**de • **gui**le
	[gi]	Verbindung aus -g und kurzem, offenem -i. Das -u bleibt stumm.	• **gui**lt • **gui**tar

	-a	-e	-i	-o	-u	Kon.
-g	[ga]	[ge]; [dʒe]	[gi]; [dʒi]	[go]	[gu]	[g...]
-ge	[dʒa]			[dʒo]	[dʒu]	
-gu	[ga]	[ge]	[gi]; [gai]			

gh	[-]	Verbindungen aus -g und -h bleiben meist stumm.	• hei**gh**t • si**gh**t
	[f]	Am Wortende wird es häufig wie das deutsche -f ausgesprochen.	• enou**gh** • tou**gh**
gn	[n]	Das -g bleibt vor -n häufig stumm.	• **gn**aw • forei**gn**
h	[-]	Das -h bleibt besonders nach -g, -r, -w, in der Wortmitte und in einigen Fällen am Wortanfang stumm.	• g**h**ost • ex**h**aust • **h**our
j	[dʒ]	Stimmhaftes -dsch.	• in**j**ure • **j**ealous
kn	[n]	Das -k bleibt am Wortanfang vor -n stumm.	• **kn**ow • **kn**ot
l	[l]	Helles Vorderzungen -l vor Vokalen, sonst dunkles (u-haltiges) Hinterzungen -l.	• **l**and • tab**l**e • tria**l**
lk **lm**	[k] [m]	Das -l bleibt vor -k und -m meist stumm.	• cha**lk** • pa**lm**
mn	[m]	Das -n bleibt nach -m meist stumm.	• autu**mn** • colu**mn**
ng	[ŋ]	Es wird wie das deutsche -ng nasaliert (durch die Nase) gesprochen.	• lo**ng** • si**ng**er
	[ŋg]	Das -g in der Verbindung -ng ist deutlich hörbar.	• fi**ng**er • hu**ng**er

pn **ps**	[n] [s]	Das -p bleibt vor -n und -s meist stumm.	• **pn**eumatic • **ps**ychologist
ph	[f]	Es wird wie das deutsche -f ausgesprochen.	• al**ph**abet • **ph**otogra**ph**
qu	[kw]	Es wird vor allem am Wortanfang wie -kw ausgesprochen.	• e**qu**al • **qu**arrel
	[k]	In einigen Fällen wird es nur wie -k ausgesprochen.	• anti**qu**e • li**qu**or
r	[r]	Es ist weder ein „Zäpfchen"-r, noch ein gerolltes -r. Bei der Aussprache wird die Zungenspitze lose an den vorderen Obergaumen gelegt. Im amerikanischen Englisch wird die Zungenspitze weiter hinten gegen den Obergaumen gedrückt. Im britischen Englisch wird es nur vor Vokalen und am Ende eines Wortes, nur wenn ein mit Vokal beginnendes Wort folgt, gesprochen. Im amerikanischen Englisch wird es auch am Wortende und vor Konsonant gesprochen.	• b**r**ide • p**r**ide • p**r**ofessional • p**r**opose • **r**adio • **r**ailway • **r**ather • **r**ose • the**re**‿is • whe**re**‿are • father [fɑ:ðə] (BE) • farm (fɑ:m] (BE) • fathe**r** [fɑ:ðər] (AE) • fa**r**m [fɑ:rm] (AE)
s	[s] [z]	Am Wortanfang ist es meist ein stimmloses -s wie das deutsche -ß. Am Wortende wird es häufig stimmhaft ausgesprochen.	• **s**alt • **s**kill • u**s**age • new**s**
	[ʃ] [ʒ]	Stimmloses -sch, vor allem in Verbindung mit einem -i. Stimmhaftes -sch, vor allem in Verbindung mit einem -i.	• **s**ure • permi**ss**ion • ver**s**ion • le**s**ion
sc	[s]	Stimmloses -s wie das deutsche -ß. Das -c bleibt häufig stumm.	• di**sc**ipline • **sc**ience

	[sk]	Stimmloses -s wie das deutsche -ß. Das -c wird wie -k ausgesprochen.	• di**sc**rete • ma**sc**uline
sch	[sk]	Stimmloses -s wie das deutsche -ß. Das -ch wird wie -k ausgesprochen.	• **sch**eme • **sch**ool
sh	[ʃ]	Stimmloses -sch.	• fi**sh** • **sh**ow
st	[s]	Das -t bleibt nach -s in einigen Fällen stumm.	• ca**st**le • whi**st**le
t	[ʃ]	In einigen Fällen ist es ein stimmloses -sch, vor allem vor -i.	• discre**t**ion • essen**t**ial
th	[θ] [ð]	Stimmloser oder stimmhafter Lispellaut, der durch Anlegen der Zungenspitze an die Rückwand der oberen Schneidezähne erzeugt wird.	• me**th**od • pa**th** • fa**th**er • **th**ere • **th**ese
v	[v]	Stimmhafter w-Laut, ähnlich dem deutschen -w.	• fe**v**er • pre**v**ent
w	[w]	Kurzes, aus der Mundstellung für -u heraus gesprochenes -w.	• s**w**an • **w**ater
wr	[r]	Das -w bleibt vor -r am Wortanfang meist stumm.	• **wr**ite • **wr**ong
x	[gs] [ks]	Das -s in -gs bzw. -ks ist stimmlos.	• e**x**act • prefi**x**
	[kʃ]	Das -sch in -ksch ist stimmlos.	• lu**x**ury
xc	[ks]	Das -s in -ks ist stimmlos, das -c bleibt häufig stumm.	• e**xc**eed • e**xc**ite
y	[j]	Kurzes -j, vor allem am Wortanfang.	• **y**ield • **y**es

	[ai]	Einsilbig gesprochener Diphthong aus hellem -a und -i.	• cry • shy
	[i]	Kurzes, offenes -i, vor allem am Wortende und in der Endung -ly.	• heavy • truly
z	[z]	Stimmhaftes -s.	• seize • zebra

Das folgende Schaubild stellt die Aussprache der Konsonanten und ihre möglichen Schreibweisen im Überblick dar. In der obersten Zeile der Tabelle sind die Laute, in der 1. Spalte sind die möglichen Schreibweisen aufgeführt.
Verwandte Laute sind in einer Spalte zusammengefaßt. Es sind nur die Konsonanten aufgeführt, die gleich oder ähnlich ausgesprochen werden und daher verwechselt werden können.

	[f]	[g]	[k]	[s]	[ʃ] [ʒ]	[tʃ] [dʒ]	[sk]
-c			**c**ost	**c**entre	so**c**ial		
-ch			epo**ch**		ma**ch**ine	**ch**eat	
-f	**f**ever						
-g		**g**ame				**g**eneral	
-gh	tou**gh**						
-gu		**gu**est					
-j						in**j**ure	
-ph	**ph**oto						
-qu			li**qu**or				
-s				**s**alt	**s**ure		
-sc				**sc**ience			di**sc**rete
-sch							**sch**ool
-sh					fi**sh**		
-t					discre**t**ion		

Verbformen und Verbarten (Verbs and Verb Forms)

Das Verb ist ein unentbehrlicher Teil eines Satzes. Es drückt einen Zustand oder Vorgang, eine Tätigkeit oder Handlung aus (Zeitwort, Tätigkeitswort, Tunwort).

Finite Verbformen (Finite Verbs)

Finite Verbformen sind konjugierte Verbformen, sie ändern ihre Form nach Person (1., 2., 3. Person etc.), Zahl (Singular oder Plural) und Zeit (Präsens, Futur etc.).

- He **reads** a book.
  (Indicative Present Tense, 3. Person Singular)
- We **worked** from 9 to 5 o'clock.

Infinite Verbformen (Infinite Verbs)

Infinite Verbformen sind nicht konjugierte Verbformen, sie beinhalten keine Personen- und Zeitangabe. Hierzu zählen der Infinitiv, das gerund und die Partizipien.

- to **buy**
- **buying**
- **bought**

Die verschiedenen Verbarten, die im folgenden zunächst im Überblick dargestellt sind, werden in den entsprechenden Kapiteln im einzelnen behandelt.

Transitive Verben (Transitive Verbs)

Transitive Verben sind Verben, die in Verbindung mit einem direkten Objekt stehen.

- I **read** *a book.*
- I can **see** *your brother.*

Intransitive Verben (Intransitive Verbs)

Intransitive Verben sind Verben, die ohne direktes Objekt stehen.

- I **am** ill.
- He will **arrive** this afternoon.

Vollverben (Full Verbs)

Vollverben können das Prädikat alleine bilden.

- I **read** a book.
- He **wrote** a letter.

Hilfsverben (Auxiliary Verbs)

Hilfsverben sind Verben, die für die Bildung der zusammengesetzten Zeiten und des Passivs benötigt werden.
Die Hilfsverben sind **to be, to have** und **to do**, das für die Bildung von Fragen und verneinten Sätzen benötigt wird.

- I **have** *read* a book.
- I **am** *going* home.
- The door **is** *opened* by the caretaker.
- I **do** *not like* him.
- **Did** you *read* this book?

Modalverben (Modal Auxiliary Verbs)

Modalverben sind Verben, die den Inhalt eines anderen Verbs abwandeln. Ihnen folgt stets der Infinitiv eines anderen Verbs.

- You **can** *go* to the cinema tonight.
- **May** I *lead* the way?
- He **must** *go* to school every day.

Reflexive Verben (Reflexive Verbs)

Reflexive Verben werden von einem Reflexivpronomen (**myself, yourself** etc.) begleitet. Reflexivpronomen und Subjekt bezeichnen dieselbe Person.

- *I* **wash myself.**
  (**I** und **myself** bezeichnen dieselbe Person.)
- This morning *he* **cut himself** while shaving.

Reziproke Verben (Reciprocal Verbs)

Reziproke Verben drücken die Gegenseitigkeit, Wechselbeziehung aus (einander, gegenseitig). Diese Verben werden mit den Pronomen **one another** bzw. **each other** verbunden.

- *They* **love one another**.
- *They* **think of each other**.

Die Konjugation (Conjugation)

Konjugation (Beugung) bedeutet Abwandlung des Infinitivs des Verbs bezüglich Person und Zeit, d. h. der Infinitiv des Verbs, z. B. **love** wird im present tense der 3. Person Singular zu **loves**.

Die Konjugation ist im Englischen verhältnismäßig einfach, da die Verben, außer in der 3. Person Singular, die ein **-s** erhält, durch alle Personen dieselbe Form haben.

Grundsätzlich werden im Englischen zur Konjugation eines Verbs 3 Stammformen benötigt, mit denen sämtliche Zeiten gebildet werden können.

Die **1. Stammform (Infinitiv)**	dient zur Bildung des	**Present Tense, Future I, Conditional I.**
Die **2. Stammform**	dient zur Bildung des	**Past Tense.**
Die **3. Stammform**	dient zur Bildung der	**zusammengesetzten Zeiten.**

Man unterscheidet zwischen regelmäßigen und unregelmäßigen Verben.
Die regelmäßigen Verben hängen in der 2. und 3. Stammform die Endung **-ed** an. Die 1. Stammform ist der Infinitiv.
Die unregelmäßigen Verben haben unterschiedliche Stammformen, von denen die wichtigsten im Anschluß an die folgenden Konjugationstabellen dargestellt sind.

Bei der Bildung des present tense von dem regelmäßigen Verb **to help** wird also die erste Stammform (Infinitiv) benötigt, lediglich die 3. Person Singular erhält ein **-s**, so daß sich die Verbformen **I help, you help, he helps** etc. ergeben.
Bei der Bildung des past tense wird die zweite Stammform benötigt, bei den regelmäßigen Verben wird die zweite Stammform einfach durch Anhängen der Endung **-ed** an den Infinitiv gebildet, so daß sich die Verbformen **I helped, you helped, he helped** etc. ergeben.
Bei der Bildung des present perfect werden die entsprechenden Verbformen des Hilfsverbs **have** und die dritte Stammform benötigt. Bei dem unregelmäßigen Verb **to catch** zum Beispiel lautet diese **caught**, so daß sich die Verbformen **I have caught, you have caught, he has caught** etc. ergeben.

Ferner unterscheidet man im Englischen die simple oder ordinary und die continuous oder progressive form. Beide Formen können in allen Zeiten gebildet werden.
Die continuous form wird mit den Hilfsverben **to be** und **to have** gebildet, der Verbstamm des Vollverbs erhält stets die Endung **-ing** (z. B.: **help - helping)**.

Auf den folgenden Seiten ist die Konjugation von **to have** und **to be** sowie die Konjugation der regelmäßigen und unregelmäßigen Verben am Beispiel von **to live** und **to eat** in der simple und continuous form dargestellt.
Besonderheiten bei der Konjugation sind durch Fettschrift gekennzeichnet.

Bei der Bildung der einzelnen Verbformen sind zusätzlich noch einige Rechtschreibregeln zu beachten, die im folgenden im Überblick dargestellt sind. Dabei sind die Besonderheiten fett gedruckt, die anzuhängenden Endungen sind kursiv gedruckt.
Besonderheiten der Schreibung bei den einzelnen unregelmäßigen Verben sind auch in der Liste der Stammformen im Anschluß an die folgenden Konjugationstabellen aufgeführt.

	Infinitiv	2. und 3. Stammform	3. Pers. Sing. pres. tense	-**ing**-Form
Konsonant am Verbende Konsonant am Verbende wird verdoppelt, wenn Endungen, die mit Vokal beginnen, angehängt werden und wenn dem Endkonsonanten ein einfacher, betonter Vokal vorausgeht.	sto p	sto **pp** *ed*	sto p *s*	sto **pp** *ing*
Endkonsonant wird nicht verdoppelt, wenn diesem ein unbetonter Vokal, zwei Vokale oder ein Konsonant vorausgehen.	conque r loo k hel p	conque r *ed* loo k *ed* hel p *ed*	conque r *s* loo k *s* hel p *s*	conque r *ing* loo k *ing* hel p *ing*
-l und **-r** am Verbende werden verdoppelt, wenn Endungen, die mit Vokal beginnen, angehängt werden. Im amerikanischen Englisch wird das **-l** nicht immer verdoppelt.	quarre l quarre l prefe r	quarre **ll** *ed* quarre **l** *ed* prefe **rr** *ed*	quarre l *s* quarre l *s* prefe r *s*	quarre **ll** *ing* quarre l *ing* prefe **rr** *ing*
-l und **-r** werden nicht verdoppelt, wenn ihnen kein einfacher, sondern zwei Vokale vorausgehen.	sai l repai r	sai l *ed* repai r *ed*	sai l *s* repai r *s*	sai l *ing* repai r *ing*
Stummes -e am Verbende Stummes (unausgesprochenes) **-e** am Verbende entfällt, wenn Endungen, die mit Vokal beginnen, angehängt werden.	liv e	liv **-** *ed*	liv e *s*	liv **-** *ing*

	Infinitiv	2. und 3. Stammform	3. Pers. Sing. present tense	-ing-Form
-ee am Verbende **-ee** am Verbende wird zu **-e**, wenn Endungen, die mit **-e** beginnen, angehängt werden.	agree	agr**e***ed*	agree*s*	agree*ing*
-ch, -sh, -ss, -x am Verbende Auf **-ch, -sh, -ss** und **-x** endende Verben hängen in der 3. Person Singular des present tense **-es** an.	touch	touch*ed*	touch***es***	touch*ing*
-o am Verbende Auf **-o** endende Verben erhalten in der 3. Person Singular des present tense die Endung **-es**, wenn dem **-o** ein Konsonant vorausgeht.	do	did	do***es***	do*ing*
-ie am Verbende **-ie** am Verbende wird zu **-y**, wenn die Endung **-ing** angehängt wird, **-ie** wird zu **-i**, wenn die Endung **-ed** angehängt wird.	die	d**i***ed*	die*s*	d**y***ing*
-y am Verbende **-y** am Verbende wird bei vorausgehendem Konsonant zu **-i** bzw. **-ie,** wenn die Endung **-ed** bzw. **-s** angehängt wird. Vor der Endung **-ing** bleibt das **-y** erhalten.	cry	cr**i***ed*	cr**ie***s*	cry*ing*
-y bleibt erhalten, wenn dem **-y** ein Vokal vorausgeht.	enjoy	enjoy*ed*	enjoy*s*	enjoy*ing*

Die Konjugation von **to have** (haben)

Mod.	Zeit	1. Person Singular	2. Person Singular	3. Person Singular
Ind.	Pres. T.	I have	you have	he **has**
	Past T.	I had	you had	he had
	Pres. Perf.	I *have* had	you *have* had	he ***has*** had
	Past Perf.	I *had* had	you *had* had	he *had* had
	Future T.	I *will** **have**	you *will* **have**	he *will* **have**
	Fut. Perf.	I *will have* had	you *will have* had	he *will have* had
	Fut. Past	I *would** **have**	you *would* **have**	he *would* **have**
	Fut. P. P.	I *would have* had	you *would have* had	he *would have* had
Con.	Con.	I *would** **have**	you *would* **have**	he *would* **have**
	Con. Perf.	I *would have* had	you *would have* had	he *would have* had
Imp.	Imp.		have	
Inf.	Present	to have		
	Perfect	to *have* had		
Part.	Present	having		
	Past	had		
	Perfect	*having* had		
Ger.	Present	having		
	Perfect	*having* had		

* **Will** bzw. **would** können in der 1. Person Singular und Plural durch **shall** bzw. **should** ersetzt **would** verdrängt.

1. Person Plural			2. Person Plural			3. Person Plural		
we		have	you		have	they		have
we		had	you		had	they		had
we	*have*	had	you	*have*	had	they	*have*	had
we	*had*	had	you	*had*	had	they	*had*	had
we	*will*	**have**	you	*will*	**have**	they	*will*	**have**
we	*will have*	had	you	*will have*	had	they	*will have*	had
we	*would*	**have**	you	*would*	**have**	they	*would*	**have**
we	*would have*	had	you	*would have*	had	they	*would have*	had
we	*would*	**have**	you	*would*	**have**	they	*would*	**have**
we	*would have*	had	you	*would have*	had	they	*would have*	had
					have			

werden. **Shall** bzw. **should** werden in der modernen Sprache jedoch immer mehr von **will** bzw.

Die Konjugation von to be (sein)

Mod.	Zeit	1. Person Singular	2. Person Singular	3. Person Singular
Ind.	Pres. T.	I **am**	you **are**	he **is**
	Past T.	I **was**	you **were**	he **was**
	Pres. Perf.	I *have* been	you *have* been	he ***has*** been
	Past Perf.	I *had* been	you *had* been	he *had* been
	Future T.	I *will* * **be**	you *will* **be**	he *will* **be**
	Fut. Perf.	I *will have* been	you *will have* been	he *will have* been
	Fut. Past	I *would* * **be**	you *would* **be**	he *would* **be**
	Fut. P. P.	I *would have* been	you *would have* been	he *would have* been
Con.	Con.	I *would* **be**	you *would* **be**	he *would* **be**
	Con. Perf.	I *would have* been	you *would have* been	he *would have* been
Imp.	Imp.		be	
Inf.	Present	to be		
	Perfect	to *have* been		
Part.	Present	being		
	Past	been		
	Perfect	*having* been		
Ger.	Present	being		
	Perfect	*having* been		

* **Will** bzw. **would** können in der 1. Person Singular und Plural durch **shall** bzw. **should** ersetzt **would** verdrängt.

1. Person Plural			2. Person Plural			3. Person Plural		
we		**are**	you		**are**	they		**are**
we		**were**	you		**were**	they		**were**
we	*have*	been	you	*have*	been	they	*have*	been
we	*had*	been	you	*had*	been	they	*had*	been
we	*will*	**be**	you	*will*	**be**	they	*will*	**be**
we	*will have*	been	you	*will have*	been	they	*will have*	been
we	*would*	**be**	you	*would*	**be**	they	*would*	**be**
we	*would have*	been	you	*would have*	been	they	*would have*	been
we	*would*	**be**	you	*would*	**be**	they	*would*	**be**
we	*would have*	been	you	*would have*	been	they	*would have*	been
					be			

den. **Shall** bzw. **should** werden in der modernen Sprache jedoch immer mehr von **will** bzw.

DAS VERB

Die Konjugation der regelmäßigen Verben in der Simple Form

Mod.	Zeit	1. Person Singular	2. Person Singular	3. Person Singular
Ind.	Pres. T.	I live	you live	he **lives**
	Past T.	I lived	you lived	he lived
	Pres. Perf.	I *have* lived	you *have* lived	he ***has*** lived
	Past Perf.	I *had* lived	you *had* lived	he *had* lived
	Future T.	I *will* * **live**	you *will* **live**	he *will* **live**
	Fut. Perf.	I *will have* lived	you *will have* lived	he *will have* lived
	Fut. Past	I *would* * **live**	you *would* **live**	he *would* **live**
	Fut. P. P.	I *would have* lived	you *would have* lived	he *would have* lived
Con.	Con.	I *would* * **live**	you *would* **live**	he *would* **live**
	Con. Perf.	I *would have* lived	you *would have* lived	he *would have* lived
Imp.	Imp.		live	
Pres. Inf.: to live		Perf. Inf.: to *have* lived	Pres. Part.: living	Past Part.: lived

Die Konjugation der regelmäßigen Verben in der Continuous Form

Mod.	Zeit	1. Person Singular	2. Person Singular	3. Person Singular
Ind.	Pres. T.	I *am* living	you *are* living	he *is* living
	Past T.	I *was* living	you *were* living	he *was* living
	Pres. Perf.	I *have been* living	you *have been* living	he ***has*** *been* living
	Past Perf.	I *had been* living	you *had been* living	he *had been* living
	Future T.	I *will* * **be** living	you *will* **be** living	he *will* **be** living
	Fut. Perf.	I *will have been* living	you *will have been* living	he *will have been* living
	Fut. Past	I *would* * **be** living	you *would* **be** living	he *would* **be** living
	Fut. P. P.	I *would have been* living	you *would have been* living	he *would have been* living
Con.	Con.	I *would* * **be** living	you *would* **be** living	he *would* **be** living
	Con. Perf.	I *would have been* living	you *would have been* living	he *would have been* living
Present Infinitive: to *be* living			Perfect Infinitive: to *have been* living	

* **Will** bzw. **would** können in der 1. Person Singular und Plural durch **shall** bzw. **should** ersetzt verdrängt.

1. Person Plural			2. Person Plural			3. Person Plural		
we		live	you		live	they		live
we		lived	you		lived	they		lived
we	*have*	lived	you	*have*	lived	they	*have*	lived
we	*had*	lived	you	*had*	lived	they	*had*	lived
we	*will*	**live**	you	*will*	**live**	they	*will*	**live**
we	*will have*	lived	you	*will have*	lived	they	*will have*	lived
we	*would*	**live**	you	*would*	**live**	they	*would*	**live**
we	*would have*	lived	you	*would have*	lived	they	*would have*	lived
we	*would*	**live**	you	*would*	**live**	they	*would*	**live**
we	*would have*	lived	you	*would have*	lived	they	*would have*	lived
					live			
Perfect Participle: *having* lived			Present Gerund: living			Perfect Gerund: *having* lived		

1. Person Plural				2. Person Plural				3. Person Plural			
we		*are*	living	you		*are*	living	they		*are*	living
we		*were*	living	you		*were*	living	they		*were*	living
we	*have*	*been*	living	you	*have*	*been*	living	they	*have*	*been*	living
we	*had*	*been*	living	you	*had*	*been*	living	they	*had*	*been*	living
we	*will*	***be***	living	you	*will*	***be***	living	they	*will*	***be***	living
we	*will have*	*been*	living	you	*will have*	*been*	living	they	*will have*	*been*	living
we	*would*	***be***	living	you	*would*	***be***	living	they	*would*	***be***	living
we	*would have*	*been*	living	you	*would have*	*been*	living	they	*would have*	*been*	living
we	*would*	***be***	living	you	*would*	***be***	living	they	*would*	***be***	living
we	*would have*	*been*	living	you	*would have*	*been*	living	they	*would have*	*been*	living

werden. **Shall** bzw. **should** werden in der modernen Sprache immer mehr von **will** bzw. **would**

DAS VERB

Die Konjugation der unregelmäßigen Verben in der Simple Form

Mod.	Zeit	1. Person Singular	2. Person Singular	3. Person Singular
Ind.	Pres. T.	I eat	you eat	he **eats**
	Past T.	I ate	you ate	he ate
	Pres. Perf.	I *have* eaten	you *have* eaten	he ***has*** eaten
	Past Perf.	I *had* eaten	you *had* eaten	he *had* eaten
	Future T.	I *will* * **eat**	you *will* **eat**	he *will* **eat**
	Fut. Perf.	I *will have* eaten	you *will have* eaten	he *will have* eaten
	Fut. Past	I *would* * **eat**	you *would* **eat**	he *would* **eat**
	Fut. P. P.	I *would have* eaten	you *would have* eaten	he *would have* eaten
Con.	Con.	I *would* * **eat**	you *would* **eat**	he *would* **eat**
	Con. Perf.	I *would have* eaten	you *would have* eaten	he *would have* eaten
Imp.	Imp.		eat	
Pres. Inf.: to eat		Perf. Inf.: to *have* eaten	Pres. Part.: eating	Past Part.: eaten

Die Konjugation der unregelmäßigen Verben in der Continuous Form

Mod.	Zeit	1. Person Singular	2. Person Singular	3. Person Singular
Ind.	Pres. T.	I *am* eating	you *are* eating	he *is* eating
	Past T.	I *was* eating	you *were* eating	he *was* eating
	Pres. Perf.	I *have* *been* eating	you *have* *been* eating	he ***has*** *been* eating
	Past Perf.	I *had* *been* eating	you *had* *been* eating	he *had* *been* eating
	Future T.	I *will* * ***be*** eating	you *will* ***be*** eating	he *will* ***be*** eating
	Fut. Perf.	I *will have* *been* eating	you *will have* *been* eating	he *will have* *been* eating
	Fut. Past	I *would* * ***be*** eating	you *would* ***be*** eating	he *would* ***be*** eating
	Fut. P. P.	I *would have* *been* eating	you *would have* *been* eating	he *would have* *been* eating
Con.	Con.	I *would* * ***be*** eating	you *would* ***be*** eating	he *would* ***be*** eating
	Con. Perf.	I *would have* *been* eating	you *would have* *been* eating	he *would have* *been* eating
Present Infinitive: to *be* eating			Perfect Infinitive: to *have been* eating	

* **Will** bzw. **would** können in der 1. Person Singular und Plural durch **shall** bzw. **should** ersetzt verdrängt.

1. Person Plural			2. Person Plural			3. Person Plural		
we		eat	you		eat	they		eat
we		ate	you		ate	they		ate
we	*have*	eaten	you	*have*	eaten	they	*have*	eaten
we	*had*	eaten	you	*had*	eaten	they	*had*	eaten
we	*will*	**eat**	you	*will*	**eat**	they	*will*	**eat**
we	*will have*	eaten	you	*will have*	eaten	they	*will have*	eaten
we	*would*	**eat**	you	*would*	**eat**	they	*would*	**eat**
we	*would have*	eaten	you	*would have*	eaten	they	*would have*	eaten
we	*would*	**eat**	you	*would*	**eat**	they	*would*	**eat**
we	*would have*	eaten	you	*would have*	eaten	they	*would have*	eaten
					eat			
Perfect Participle: *having* eaten			Present Gerund: eating			Perfect Gerund: *having* eaten		

1. Person Plural				2. Person Plural				3. Person Plural			
we		*are*	eating	you		*are*	eating	they		*are*	eating
we		*were*	eating	you		*were*	eating	they		*were*	eating
we	*have*	*been*	eating	you	*have*	*been*	eating	they	*have*	*been*	eating
wo	*had*	*been*	eating	you	*had*	*been*	eating	they	*had*	*been*	eating
we	*will*	***be***	eating	you	*will*	***be***	eating	they	*will*	***be***	eating
we	*will have*	*been*	eating	you	*will have*	*been*	eating	they	*will have*	*been*	eating
we	*would*	***be***	eating	you	*would*	***be***	eating	they	*would*	***be***	eating
we	*would have*	*been*	eating	you	*would have*	*been*	eating	they	*would have*	*been*	eating
we	*would*	***be***	eating	you	*would*	***be***	eating	they	*would*	***be***	eating
we	*would have*	*been*	eating	you	*would have*	*been*	eating	they	*would have*	*been*	eating

werden. **Shall** bzw. **should** werden in der modernen Sprache immer mehr von **will** bzw. **would**

Kurzformen (Contractions)

Häufig werden die Hilfsverben, vor allem in der gesprochenen Sprache, zusammengezogen.

Kurzformen von to have

Kurzform von **to have**		Verneinte Kurzform von **to have**		Kurzform von **had**		Verneinte Kurzform von **had**	
I, you, we, they	**'ve**	I, you, we, they	**haven't**	I, you, we, they	**'d**	I, you, we, they	**hadn't**
he, she, it	**'s**	he, she, it	**hasn't**	he, she, it	**'d**	he, she, it	**hadn't**

Kurzformen von to be

Kurzform von **to be**		Verneinte Kurzform von **to be**		Verneinte Kurzform von **was**	
I	**'m**	I	**'m not**	I	**wasn't**
you, we, they	**'re**	you, we, they	**aren't**	you, we, they	**weren't**
he, she, it	**'s**	he, she, it	**isn't**	he, she, it	**wasn't**

Kurzformen von will und shall, would und should

Kurzform von **will/shall**, Kurzform von **would/should**		Verneinte Kurzform von **will**, Verneinte Kurzf. von **would**		Verneinte Kurzform von **shall**, Verneinte Kurzf. von **should**	
I, you, he, we, they	**'ll**	I, you, he, we, they	**won't**	I, you, he, we, they	**shan't**
I, you, he, we, they	**'d**	I, you, he, we, they	**wouldn't**	I, you, he, we, they	**shouldn't**

Kurzformen von to do

Verneinte Kurzform von **to do**		Verneinte Kurzform von **did**	
I, you, we, they	**don't**	I, you, we, they	**didn't**
he, she, it	**doesn't**	he, she, it	**didn't**

Die obigen Kurzformen gelten auch in den zusammengesetzten Zeiten (z. B.: **I've had**).

Andere Kurzformen

mit **to be**	that'**s**	-	there'**s**	here'**s**	who'**s**	what'**s**	where'**s**	when'**s**	how'**s**
mit **will**	that'**ll**	this'**ll**	there'**ll**	here'**ll**	who'**ll**	what'**ll**	where'**ll**	when'**ll**	how'**ll**
mit **would**	that'**d**	this'**d**	there'**d**	here'**d**	who'**d**	what'**d**	where'**d**	when'**d**	how'**d**

* **Will** und **would** stehen hier auch stellvertretend für **shall** und **should**.

Stammformen (Principal Forms)

Die folgende Tabelle beinhaltet die Stammformen der unregelmäßigen englischen Verben, wobei die Stammformen der Verben, die eine Vorsilbe haben, nicht gesondert aufgelistet sind, es sei denn, die Stammformen des zusammengesetzten Verbs weichen vom ursprünglichen Verb ab. Neben den drei Stammformen sind zusätzlich die Verbform der 3. Person Singular des present tense sowie das present participle, das zur Bildung der continuous form benötigt wird, aufgeführt (-**ing**-Form). Die Verbformen, die Besonderheiten in der Schreibung aufweisen, sind fett gedruckt.

Infinitiv (1. Stammform)	2. Stammform	3. Stammform	3. Pers. Sing. pres. tense	-**ing**-Form	Deutsch
arise	arose	arisen	arises	**arising**	sich erheben
awake	awoke, awaked	awoke, awaked	awakes	**awaking**	erwachen
be	was	been	**is**	being	sein
bear	bore	borne	bears	bearing	tragen
bear	bore	born	bears	bearing	gebären
beat	beat	beaten	beats	beating	schlagen
become	became	become	becomes	**becoming**	werden
begin	began	begun	begins	**beginning**	beginnen
bend	bent	bent	bends	bending	beugen, biegen
bet	bet, betted	bet, betted	bets	**betting**	wetten
bid	bid, bade	bid, bidden	bids	**bidding**	gebieten
bind	bound	bound	binds	binding	binden
bite	bit	bitten	bites	**biting**	beißen
bleed	bled	bled	bleeds	bleeding	bluten
blow	blew	blown	blows	blowing	blasen
break	broke	broken	breaks	breaking	brechen
breed	bred	bred	breeds	breeding	brüten, züchten

Infinitiv (1. Stammform)	2. Stammform	3. Stammform	3. Pers. Sing. pres. tense	**-ing**-Form	Deutsch
bring	brought	brought	brings	bringing	bringen
build	built	built	builds	building	bauen
burn	burnt, burned	burnt, burned	burns	burning	brennen
burst	burst	burst	bursts	bursting	bersten, platzen
buy	bought	bought	buys	buying	kaufen
cast	cast	cast	casts	casting	werfen
catch	caught	caught	**catches**	catching	fangen
choose	chose	chosen	chooses [tʃu:zis]	**choosing**	(aus)wählen
cling	clung	clung	clings	clinging	sich (an)klammern
come	came	come	comes	**coming**	kommen
cost	cost	cost	costs	costing	kosten
creep	crept	crept	creeps	creeping	kriechen
cut	cut	cut	cuts	**cutting**	schneiden
deal	dealt	dealt	deals	dealing	sich befassen mit
dig	dug	dug	digs	**digging**	graben
do	did	done	**does**	doing	tun
draw	drew	drawn	draws	drawing	ziehen; zeichnen
dream	dreamt, dreamed	dreamt, dreamed	dreams	dreaming	träumen
drink	drank	drunk	drinks	drinking	trinken
drive	drove	driven	drives	**driving**	fahren; treiben
eat	ate	eaten	eats	eating	essen
fall	fell	fallen	falls	falling	fallen

Infinitiv (1. Stammform)	2. Stammform	3. Stammform	3. Pers. Sing. pres. tense	**-ing**-Form	Deutsch
feed	fed	fed	feeds	feeding	füttern
feel	felt	felt	feels	feeling	fühlen
fight	fought	fought	fights	fighting	kämpfen
find	found	found	finds	finding	finden
flee	fled	fled	flees	fleeing	fliehen
fling	flung	flung	flings	flinging	schleudern, werfen
fly	flew	flown	**flies**	flying	fliegen
forbid	forbade	forbidden	forbids	**forbidding**	verbieten
forget	forgot	forgotten	forgets	**forgetting**	vergessen
forsake	forsook	forsaken	forsakes	**forsaking**	im Stich lassen
freeze	froze	frozen	freezes [fri:z**i**s]	**freezing**	(ge)frieren
get	got	got	gets	**getting**	bekommen
give	gave	given	gives	**giving**	geben
go	went	gone	**goes**	going	gehen
grind	ground	ground	grinds	grinding	schleifen; mahlen
grow	grew	grown	grows	growing	wachsen; anbauen
hang	hung, hanged	hung, hanged	hangs	hanging	hängen
have	had	had	**has**	**having**	haben
hear	heard	heard	hears	hearing	hören
hide	hid	hid, hidden	hides	**hiding**	(sich) verstecken
hit	hit	hit	hits	**hitting**	schlagen, treffen
hold	held	held	holds	holding	halten

Hanged steht im Sinne von **he was hanged by the neck** (er wurde aufgehängt).

Infinitiv (1. Stammform)	2. Stammform	3. Stammform	3. Pers. Sing. pres. tense	**-ing**-Form	Deutsch
hurt	hurt	hurt	hurts	hurting	verletzen, weh tun
keep	kept	kept	keeps	keeping	(be)halten
kneel	knelt	knelt	kneels	kneeling	knien
knit	knitted, knit	knitted, knit	knits	**knitting**	stricken
know	knew	known	knows	knowing	wissen, kennen
lay	laid	laid	lays	laying	legen
lead	led	led	leads	leading	leiten, führen
lean	leant, leaned	leant, leaned	leans	leaning	lehnen
leap	leapt, leaped	leapt, leaped	leaps	leaping	springen
learn	learnt, learned	learnt, learned	learns	learning	lernen; erfahren
leave	left	left	leaves	**leaving**	(ver)lassen
lend	lent	lent	lends	lending	aus-, verleihen
let	let	let	lets	**letting**	(zu)lassen
lie	lay	lain	lies	**lying**	liegen
light	lit, lighted	lit, lighted	lights	lighting	anzünden
lose	lost	lost	loses [lu:zis]	**losing**	verlieren
make	made	made	makes	**making**	machen
mean	meant	meant	means	meaning	bedeuten; meinen
meet	met	met	meets	meeting	treffen, begegnen
mow	mowed	mowed,mown	mows	mowing	mähen
pay	paid	paid	pays	paying	(be)zahlen
put	put	put	puts	**putting**	legen, stellen

Infinitiv (1. Stammform)	2. Stammform	3. Stammform	3. Pers. Sing. pres. tense	**-ing**-Form	Deutsch
read [ri:d]	read [red]	read [red]	reads	reading	lesen
rid	rid	rid	rids	**ridding**	befreien
ride	rode	ridden	rides	**riding**	reiten; fahren
ring	rang	rung	rings	ringing	klingeln; anrufen
rise	rose	risen	rises [raizis]	**rising**	aufstehen; -gehen
run	ran	run	runs	**running**	rennen, laufen
saw	sawed	sawed, sawn	saws	sawing	sägen
say	said	said	says	saying	sagen
see	saw	seen	sees	seeing	sehen
seek	sought	sought	seeks	seeking	suchen
sell	sold	sold	sells	selling	verkaufen
send	sent	sent	sends	sending	schicken
set	set	set	sets	**setting**	setzen, stellen
sew	sewed	sewed, sewn	sews	sewing	nähen
shake	shook	shaken	shakes	**shaking**	schütteln
shine	shone	shone	shines	**shining**	scheinen; glänzen
shoot	shot	shot	shoots	shooting	schießen
show	showed	shown	shows	showing	zeigen
shrink	shrank	shrunk	shrinks	shrinking	schrumpfen
shut	shut	shut	shuts	**shutting**	schließen
sing	sang	sung	sings	singing	singen
sink	sank	sunk	sinks	sinking	sinken
sit	sat	sat	sits	**sitting**	sitzen

Infinitiv (1. Stammform)	2. Stammform	3. Stammform	3. Pers. Sing. pres. tense	**-ing**-Form	Deutsch
sleep	slept	slept	sleeps	sleeping	schlafen
slide	slid	slid, slidden	slides	**sliding**	gleiten
slit	slit	slit	slits	**slitting**	schlitzen
smell	smelt, smelled	smelt, smelled	smells	smelling	riechen
sow	sowed	sowed, sown	sows	sowing	säen
speak	spoke	spoken	speaks	speaking	sprechen
speed	sped, speeded	sped, speeded	speeds	speeding	eilen, beschleunigen
spell	spelt, spelled	spelt, spelled	spells	spelling	buchstabieren
spend	spent	spent	spends	spending	ausgeben; verbringen
spill	spilt, spilled	spilt, spilled	spills	spilling	verschütten
spin	spun	spun	spins	**spinning**	spinnen (Faden)
spit	spat	spat	spits	**spitting**	spucken
split	split	split	splits	**splitting**	spalten
spoil	spoilt, spoiled	spoilt, spoiled	spoils	spoiling	verderben
spread	spread	spread	spreads	spreading	aus-, verbreiten
spring	sprang	sprung	springs	springing	[illegible]
stand	stood	stood	stands	standing	stehen
steal	stole	stolen	steals	stealing	stehlen
stick	stuck	stuck	sticks	sticking	stecken
sting	stung	stung	stings	stinging	stechen
stink	stunk, stank	stunk	stinks	stinking	stinken
strew	strewed	strewed, strewn	strews	strewing	streuen

Infinitiv (1. Stammform)	2. Stammform	3. Stammform	3. Pers. Sing. pres. tense	**-ing**-Form	Deutsch
strike	struck	struck	strikes	**striking**	schlagen
swear	swore	sworn	swears	swearing	schwören; fluchen
sweat	sweat, sweated	sweat, sweated	sweats	sweating	schwitzen
sweep	swept	swept	sweeps	sweeping	fegen, kehren
swell	swelled	swollen	swells	swelling	(an)schwellen
swim	swam	swum	swims	**swimming**	schwimmen
swing	swung	swung	swings	swinging	schwingen
take	took	taken	takes	**taking**	nehmen
teach	taught	taught	**teaches**	teaching	lehren
tear	tore	torn	tears	tearing	zerreißen
tell	told	told	tells	telling	erzählen
think	thought	thought	thinks	thinking	denken
throw	threw	thrown	throws	throwing	werfen
wake	waked, woke	waked, woken	wakes	**waking**	wachen,wach sein
wear	wore	worn	wears	wearing	tragen (Kleidung)
weave	wove	woven	weaves	**weaving**	weben
weep	wept	wept	weeps	weeping	weinen
wet	wet, wetted	wet, wetted	wets	**wetting**	naßmachen
win	won	won	wins	**winning**	gewinnen
wind	wound	wound	winds	winding	(sich) winden
wring	wrung	wrung	wrings	wringing	auswringen
write	wrote	written	writes	**writing**	schreiben

Die Hilfsverben (Auxiliary Verbs)

Zu den Hilfsverben zählen **to have, to be**, die bei der Bildung der Zeiten und des Passivs verwendet werden und **to do**, das bei der Bildung verneinter und fragender Sätze benötigt wird. Daneben können sie auch in der Funktion eines Voll- oder Modalverbs stehen.

To be

Als Hilfsverb dient **to be** zur Bildung der continuous form und des Passivs.

- He **is** *reading* a book.
- The door **is** *opened* by Peter.

To be to steht vor allem zum Ausdruck von Befehlen, Aufforderungen als Ersatz für das Modalverb **should.**

- He says that we **are to** read this text until tomorrow.
  (Er sagt, daß wir diesen Text bis morgen lesen **sollen**.)

Als Vollverb steht es in der Bedeutung *sich befinden, existieren, vorhanden sein.*

- **Are** there any books on the table?
- The key **was** in the dining-room.

To have

Als Hilfsverb dient es zur Bildung der zusammengesetzten Zeiten in der simple und continuous form.

- I **have** *read* a book.
- I **have** *been reading.*

In der Bedeutung *(veran)lassen* steht **have** + Objekt + past participle.

- I **had** *my car washed.*
  (Ich **ließ** meinen Wagen waschen.)

Zum Ausdruck einer Verpflichtung, Notwendigkeit steht **to have to** als Ersatz für das Modalverb **must**. In der Umgangssprache und im britischen Englisch wird meist **to have got to** bevorzugt.

- You **have (got) to** repair my bike.
  (Du **mußt** mein Fahrrad reparieren.)
- You **have to** do it.
- We **had to** get up at 5 o'clock.
- Every child **has to** go to school.

Als Vollverb steht es vor allem in der Bedeutung *essen, trinken, einnehmen,* und *besitzen* und in Konstruktionen aus **to have** + Substantiv. In der Bedeutung *besitzen* kann, vor allem in der Umgangssprache, auch **to have got** verwendet werden. Es entfällt dann die Umschreibung mit **to do** im verneinten und fragenden Satz.

- We **had** *breakfast* at 6 o'clock.
  (Wir **frühstückten** um 6 Uhr.)
- I **had** *a bath* this morning.
  (Ich **nahm** heute morgen *ein Bad.*)
- He **has** much money.
- He **hasn't got** much money.

To do

	Umschreibung mit **to do**	Keine Umschreibung mit **to do**
Im verneinten Aussagesatz	Ist das Prädikat des bejahten Satzes ein Vollverb, so muß dieses im verneinten Satz mit **to do** umschrieben werden. Als Vollverben werden **to do** (tun, machen) und **to have** (außer **to have got**) auch mit **to do** umschrieben. **To be** wird auch als Vollverb nicht mit **to do** umschrieben.	Ist im Prädikat des bejahten Satzes ein Hilfsverb oder Modalverb enthalten, so wird dieses bei der Bildung des verneinten Satzes verneint. Die Umschreibung mit **to do** unterbleibt ebenfalls, sofern sich eine verneinende oder einschränkende Bestimmung im Satz befindet.
	• I **do not** *like* reading books. (I *like* reading books.) (Ich **lese nicht** ***gern*** Bücher.) • I **don't** *do* it. (I *do* it.) (Ich **mache** es **nicht**.) • He **was not** in the dining-room. (He **was** in the dining-room.)	• I **have not** *made* this mistake. (I **have** *made* this mistake.) • I **cannot** *solve* this problem. (I **can** *solve* this problem.) • He *never* **drinks** hard liquor.
Im Fragesatz ohne Fragewort	Ist das Prädikat des bejahten Satzes ein Vollverb, so muß dieses im Fragesatz mit **to do** umschrieben werden. Als Vollverben werden **to do** (tun, machen) und **to have** (außer **to have got** und **to be**) auch mit **to do** umschrieben.	Ist im Prädikat des bejahten Satzes ein Hilfsverb oder Modalverb enthalten, so dient dieses zur Bildung des Fragesatzes.
	• **Do** you *like* reading books? (You *like* reading books.) (**Liest** du **gern** Bücher?) • **Did** he *do* it? (He *did* it.) • **Was** he in the dining-room? (He **was** in the dining-room.)	• **Has** Peter *gone* to school by bus? (Peter **has** *gone* to school by bus.) • **Can** you *solve* this problem? (You **can** *solve* this problem.) • **Must** Peter *go* to school by bus? (Peter **must** *go* to school by bus.)
Im Fragesatz mit Fragewort	Ist das Fragewort nicht selbst Subjekt oder ein Teil dessen, d. h. der Satz enthält schon ein anderes Subjekt, so muß das Vollverb mit **to do** umschrieben werden.	Ist das Fragewort selbst Subjekt oder ein Teil dessen, d. h. der Satz enthält kein anderes Subjekt, so wird das Verb nicht mit **to do** umschrieben.

	Umschreibung mit **to do**	Keine Umschreibung mit **to do**
	• Whom **did** *you meet* at the station? • Where **does** *he go*?	• *Who* **solved** this problem? • *Who* **has solved** this problem?
		Fragesätze mit Fragewort, die ein Hilfs- oder Modalverb enthalten, werden nicht mit **to do** umschrieben, gleichgültig ob das Fragewort Subjekt des Satzes ist oder nicht.
		• Who **is** this? • Whose book **is** this? • Where **can** you *meet* him?
In verneinten Fragen	Verneinte Fragen mit und ohne Fragewort, die ein Vollverb enthalten, werden mit **to do** umschrieben.	Verneinte Fragen mit und ohne Fragewort, die ein Hilfs- oder Modalverb enthalten, werden nicht mit **to do** umschrieben.
	• **Didn't** you *meet* him? • Who **didn't** *solve* this problem?	• **Haven't** you *met* him? • Who **cannot** *solve* this problem?
In kurzen Antworten	In kurzen Antworten, besonders mit **yes** und **no**, wird, sofern sie ein Vollverb enthalten, **to do**, nicht das Vollverb wieder aufgenommen.	In kurzen Antworten, besonders mit **yes** und **no,** wird, sofern sie ein Hilfs- oder Modalverb enthalten, dieses wieder aufgenommen.
	• **Do** you *go* home? - Yes, I **do**. (Gehst du heim? - **Ja**.) • **Does** he *like* reading? - No, he **doesn't**.	• **Has** he *gone*? - Yes, he **has.** (Ist er gegangen? - **Ja**.) • **Can** you *post* this letter for me? - No, I **cannot/can't**.
Im Befehlssatz	Der verneinte Befehlssatz wird mit **to do** gebildet.	Der bejahte Befehlssatz wird ohne **to do** gebildet.
	• **Don't** *be* so silly. • **Don't** *go* now.	• **Come** in. • **Inform** me as soon as possible.
Im Vergleichssatz	Der Vergleich wird mit **to do** gebildet, wenn der Vordersatz ein Vollverb enthält. Als Vollverben werden **to do** und **to have** auch im Vergleichssatz durch **to do** wieder aufgenommen.	Der Vergleich wird nicht mit **to do** gebildet, wenn der Vordersatz ein Hilfs- oder Modalverb enthält. Im Vergleichssatz wird dann das Hilfs- oder Modalverb wieder aufgenommen.
	• He *went* as far as I **did.** (Er ging so weit wie **ich**.) • He *does* the same work as I **do**.	• She **has** *talked* as much as he **has**. (Sie hat so viel gesprochen wie **er**.)

Die Modalverben (Modal Auxiliary Verbs)

Die Modalverben wandeln den Inhalt eines anderen Verbs ab. Da sie im Englischen keinen Infinitiv und keine Partizipien haben, können sie auch keine zusammengesetzten Zeiten bilden. Sie müssen in den zusammengesetzten Zeiten durch sinnverwandte Ersatzverben ersetzt werden. Die Modalverben werden in Fragesätzen und verneinten Sätzen nicht mit **to do** umschrieben und, außer **ought to** und **used to**, ohne **to** an den Infinitiv angeschlossen. Die 3. Person Singular des present tense erhält kein -s.

Modalverb	Verneinung (Kurzform)	Ersatzverben	Bedeutung (des Modalverbs)
I can	**I cannot** (**I can't**)	to be able to to be allowed to to be permitted to	ich kann
I could	**I could not** (**I couldn't**)		ich konnte; ich könnte
I may	**I must not** (**I mustn't**) (**I may not**)	to be allowed to to be permitted to	ich darf
I might	**I might not** (**I mightn't**)		ich durfte; ich dürfte
I must	**I must not** (**I mustn't**) (ich darf nicht)	to have (got) to	ich muß
I need	**I need not** (**I needn't**)		ich brauche
I shall	**I shall not** (**I shan't**)	to be supposed to to be to to want s.o. to do s.th.	ich soll
I should	**I should not** (**I shouldn't**)		ich sollte
I ought to	**I ought not to** (**I oughn't to**)		ich sollte
I will	**I will not** (**I won't**)	to be going to to intend to to want to to wish to	ich will
I would	**I would not** (**I wouldn't**)		ich wollte
I used to	**I used not to** (**I usedn't to**)		ich pflegte zu

Can, could und ihre Ersatzverben

	can	could	to be able to
Geistige, körperliche Fähigkeiten	Zum Ausdruck der geistigen und körperlichen Fähigkeit. In der Bedeutung von *wissen, können* wird **can** + Vollverb oft durch **to know** ersetzt.	Zum Ausdruck vergangener geistiger und körperlicher Fähigkeiten. In der Bedeutung von *wußte, konnte* wird **could** + Vollverb oft durch **knew** ersetzt.	Zum Ausdruck geistiger und körperlicher Fähigkeiten, besonders bei einer ganz bestimmten, einzelnen Handlung.
	• **Can** you stand on your head? • I **can** speak English. • I **know** English. (Ich **kann** Englisch.)	• As a young man, he **could** dance all night. • I **could** speak English. • I **knew** English. (Ich **konnte** Englisch.)	• As a boy, I **was able to** climb any tree. • Although he was ill himself, he **was able to** help the others.
Möglichkeit	Zum Ausdruck einer durch äußere Umstände gegebenen Möglichkeit.	Zum Ausdruck einer vergangenen Möglichkeit, die durch äußere Umstände gegeben war.	Zum Ausdruck einer durch äußere Umstände gegebenen Möglichkeit.
	• This **can** be read everywhere. • This **cannot** be true. • **Can** this be true?	• This **could** be read everywhere. • I had no key, so I **couldn't** lock the door.	• I know the town, thus I **am able to** show them round. • **Were** you **able to** see him before he left?

	can	could	to be allowed to, to be permitted to
Erlaubnis	Zum Ausdruck der Erlaubnis wird **can** vor allem in der Umgangssprache verwendet.	Zum Ausdruck einer vergangenen Erlaubnis steht **could** vor allem in der indirekten Rede, wenn das einleitende Verb in einer Zeit der Vergangenheit steht.	Zum Ausdruck der Erlaubnis zu ganz bestimmten Handlungen.
	• You **can** go for a walk. • You **can** leave it on the table.	• He *said* we **could** park our car in front of his garage.	• You **aren't allowed to** play there. • We **were allowed to** stay here.

Bitte in Fragen

can	could
Zum Ausdruck einer höflichen Bitte, besonders in Fragen, wird **can** vor allem in der Umgangssprache verwendet.	Zum Ausdruck einer sehr höflichen Bitte, besonders in Fragen, wird **could** vor allem in der Umgangssprache verwendet.
• **Can** you help me? (**Können** Sie mir helfen?) • **Can** you ring back later?	• **Could** you help me? (**Könnten** Sie mir helfen?) • **Could** you ring back later?

May, might und ihre Ersatzverben

Erlaubnis

may	might	to be allowed to, to be permitted to
Zum Ausdruck der Erlaubnis zu gegenwärtigen Handlungen klingt **may** relativ förmlich. Die Verneinung zu **may** lautet **must not** (nicht dürfen). **May not** steht nur in Antworten auf Fragen mit **may.**	Zum Ausdruck der vergangenen Erlaubnis, vor allem in der indirekten Rede, wenn das einleitende Verb in einer Zeit der Vergangenheit steht. **Might** klingt relativ förmlich.	Zum Ausdruck einer offiziellen, allgemein gültigen Erlaubnis.
• You **may** take this book with you. • You **must not** take this book with you. (Du **darfst** dieses Buch **nicht** mitnehmen.) • **May** I take this book with me? - No, you **may not.**	• You **might** take this book with you. • They asked if they **might** take this book with them. • The salesman said I **might** take the car for a test drive.	• They **were allowed to** smoke in this room. • She **is not allowed to** drive without her glasses. • You **are not permitted to** enter the building without a pass.

Möglichkeit, Wahrscheinlichkeit

may	might
Zum Ausdruck der unter den gegebenen Umständen bestehenden Möglichkeit, der Wahrscheinlichkeit. In dieser Funktion kann **may** nur in bejahten Sätzen stehen. In verneinten und fragenden Sätzen steht **can** bzw. **cannot** (**can't**).	Zum Ausdruck der unter den gegebenen Umständen bestehenden Möglichkeit, der Wahrscheinlichkeit. **Might** kann in bejahten, verneinten und fragenden Sätzen stehen und ist schwächer als **may**.

	may	might
	• He **may** be late. (Er verspätet sich **vielleicht**.) • **Can** this be true? • This **can't** be true.	• He **might** be late. (Er **könnte** sich verspäten.) • He **might** lose his way. • That **might not** be correct.
Bitte in Fragen	Zum Ausdruck einer förmlichen Bitte, vor allem in Fragen.	Zum Ausdruck der förmlichen Bitte, vor allem in Fragen. **Might** ist höflicher als **may**..
	• **May** I use your phone? (**Darf** ich Ihr Telefon benutzen?)	• **Might** I use your phone? (**Dürfte** ich Ihr Telefon benutzen?)

Must, need und ihre Ersatzverben

	must	need	to have (got) to
Notwendigkeit, Verpflichtung	Zum Ausdruck der Notwendigkeit, Verpflichtung steht es in Hauptsätzen nur im present tense. In der indirekten Rede kann es auch im past tense stehen, ohne daß sich seine Form ändert..	Zum Ausdruck der Notwendigkeit, Verpflichtung steht es als Modalverb vor allem im verneinten und fragenden Satz. Als Vollverb kann es in allen Zeiten stehen, die 3. Person Singular des present tense erhält ein **-s**, im verneinten und fragenden Satz wird es mit **to do** umschrieben und der Infinitiv wird mit **to** angeschlossen.	Zum Ausdruck einer durch Dritte auferlegten Notwendigkeit, Verpflichtung. Im verneinten und fragenden Satz wird **to have to** mit **to do** umschrieben. In der Umgangssprache wird **to have got to** bevorzugt.
	• Every child **must** go to school. • He said that I **must** come and see him on my next visit to London.	• You **needn't** clean your room. • **Need** I clean the car? • I *have* **needed** the money. • He **needs** *to work* for the money. • He *doesn't* **need** to clean his room.	• Every child **has (got) to** go to school. • We have **had to** get up at five o'clock. • *Do* I **have to** do what he says?

	must	need	to have (got) to
Verbot/ Nicht-Notwendigkeit	**Must not** drückt ein Verbot aus. **Must not** bedeutet also *nicht dürfen* und keinesfalls *nicht müssen.*	Zum Ausdruck, daß keine Notwendigkeit, Verpflichtung besteht (nicht brauchen). Es steht hier im verneinten Satz und ist Modalverb.	Zum Ausdruck, daß keine Notwendigkeit, Verpflichtung besteht (nicht brauchen). Es steht hier im verneinten Satz und wird mit **to do** umschrieben. In der Umgangssprache wird **to have got to** bevorzugt, das nicht mit **to do** umschrieben wird.
	• You **must not** go out in this rain. (Du **darfst** bei diesem Regen **nicht** rausgehen.) • You **must not** say such things.	• You **needn't** clean your room. • You **needn't** learn this text by heart?	• He *doesn't* **have to** clean his room. • He **hasn't got to** clean his room.

Shall, should, ought to und ihre Ersatzverben

Neben ihren Funktionen als Modalverben werden **shall** und **should** auch zur Bildung der future tenses und des conditional sowie bei der Formulierung von Bedingungssätzen verwendet. Die folgenden Ausführungen stellen **shall, should** in ihrer Funktion als Modalverben dar (als solche können sie nicht zu **'ll** bzw. **'d** verkürzt werden).

	should	ought to	to be supposed to
Verpflichtung, Notwendigkeit	Zum Ausdruck einer moralischen Verpflichtung (sollte eigentlich), der Notwendigkeit, daß etwas wünschenswert oder ratsam ist.	Zum Ausdruck einer moralischen Verpflichtung ist es stärker als **should** und zum Ausdruck der Notwendigkeit, daß etwas wünschenswert, ratsam ist.	Zum Ausdruck der Verpflichtung.
	• I **should** have paid this bill last week. • You **should** clean your room at once.	• I **ought to** have paid this bill last week. • You **ought not to** smoke so much.	• Don't be so lazy. You **are supposed to** work hard.

Aufforderung, Befehl

	should	to be to, to want s.o. to do s.th.	to be supposed to
Aufforderung, Befehl	Zum Ausdruck einer Aufforderung, eines Befehls des Sprechers selbst oder von Dritten, die der Sprecher wiedergibt.	Zum Ausdruck von Anweisungen, die der Sprecher selbst erteilt, steht **to want s.o. to do s.th.** Zum Ausdruck strenger, wiederholter Befehle oder von Anweisungen eines Dritten, die der Sprecher wiedergibt, steht **to be to.**	Zum Ausdruck von Anweisungen eines Dritten, die der Sprecher wiedergibt.
	• You **should** meet him at 6 o'clock at the station. • You **should** not talk in such a loud voice.	• I **want** *you* **to** *meet* him at 6 o'clock. (Ich **möchte, daß** *du ihn* um 6 Uhr triffst.) • You **are to** meet him at 6 o'clock. (Du **sollst** ihn um 6 Uhr treffen.)	• You **are supposed to** meet her at 6 o'clock. (Du **sollst** sie um 6 Uhr treffen.)

	shall	should	ought to
Vermutung, Annahme	Zum Ausdruck der Vermutung, Annahme, der logischen Folge (müßte eigentlich, dürfte wohl). **Shall** ist stärker als **should.**	Zum Ausdruck der Vermutung, Annahme, der logischen Folge (müßte eigentlich, dürfte wohl).	Zum Ausdruck der Vermutung, Annahme, der logischen Folge (müßte eigentlich, dürfte wohl). **Ought to** drückt oft die hohe Wahrscheinlichkeit aus.
	• If you start now, you **shall** arrive in time.	• If you start now, you **should** arrive in time.	• If you start now, you **ought to** arrive in time.

Will, would, used to und ihre Ersatzverben

Neben ihrer Funktion als Modalverben werden **will** und **would** auch zur Bildung der future tenses und des conditional sowie bei der Formulierung von Bedingungssätzen verwendet. Die folgenden Ausführungen stellen **will, would** in ihrer Funktion als Modalverben dar (als solche können sie nicht zu **'ll** bzw. **'d** verkürzt werden).

Wille, Entschlossenheit

will	would	to intend to, to be going to
Zum Ausdruck des festen Willens, der Entschlossenheit, vor allem in der 1. Person Singular und Plural.	Zum Ausdruck des vergangenen Willens, der vergangenen Entschlossenheit.	Zum Ausdruck der Entschlossenheit, Absicht.
• I most certainly **will** tell him everything about it. • No matter what he says, we **will** not give in.	• He was very confused, but he **would** never show his feelings. • No matter what he said, he **would** not give in.	• I **am going to** tell him the truth. • I **intended to** tell him the truth.

Wunsch

will	would	to want to, to wish to
Zum Ausdruck des Wunsches, Willens (wollen, möchten) ist **will** sehr selten und vorsichtig einzusetzen.	Zum Ausdruck des Wunsches, Willens (wollen, möchten) ist **would** selten und sollte nur in Wendungen wie **I would rather/sooner** verwendet werden.	Zum Ausdruck des Wunsches, Willens steht vorzugsweise **to want to** oder **to wish to**.
• As you **will**. (Wie Sie **wollen**.)	• I **would rather** stay at home. (Ich **würde lieber** zuhause bleiben.)	• I **want/wish to** tell him everything about it. (Ich **möchte** ihm alles darüber erzählen.)

Bitte, Frage

will	would
In Fragen, zum Ausdruck einer Bitte. Die mit **will** formulierte Bitte klingt relativ entschieden.	In Fragen, zum Ausdruck einer Bitte. **Would** ist höflicher als **will**.
• **Will** you please give the money to your mother? (**Gibst** du das Geld bitte deiner Mutter?)	• **Would** you please give the money to your mother? (**Würdest** du das Geld bitte deiner Mutter geben?)

	will	would	used to
Gewohnheit	Zum Ausdruck gewohnheitsmäßiger Handlungen, daß etwas immer wieder geschieht.	Zum Ausdruck gewohnheitsmäßiger Handlungen der Vergangenheit, daß etwas immer wieder geschah.	Zum Ausdruck gewohnheitsmäßiger Handlungen der Vergangenheit. **Used to** kann im bejahten Satz nicht im present tense stehen. Fragesätze werden mit **to do**, verneinte Sätze können auch ohne **to do** gebildet werden, **used to** wird dann zu **use to**. **Used to** ist nicht zu verwechseln mit dem Vollverb **to use** (verwenden, gebrauchen).
	• Every evening, he **will** go for a walk. (Er **pflegt** jeden Abend spazierenzugehen.) • Many pupils **will** go to school by bus. (Viele Schüler **fahren** mit dem Bus zur Schule.)	• Every evening, he **would** go for a walk. (Er **pflegte** jeden Abend spazierenzugehen.) • Every weekend, we **would** visit my grandmother in the country. (Jedes Wochenende **besuchten** wir meine Großmutter auf dem Land.)	• Every evening, he **used to** go for a walk. (Er **pflegte** jeden Abend spazierenzugehen.) • *Didn't* he **use to** play tennis? • I *didn't* **use to** play football. • I **used not to** like sports.

Die reflexiven Verben (Reflexive Verbs)

Reflexive Verben sind Verben, die von einem Reflexivpronomen begleitet werden. Reflexivpronomen und Subjekt bezeichnen dieselbe Person.
Das unbestimmte Reflexivpronomen **oneself** bezieht sich auf ein unbestimmtes Subjekt **one**.

	Pers.	Verb	Refl. pron.
1. Pers. Sing.	I	**wash**	**myself**
2. Pers. Sing.	you	**wash**	**yourself**
3. Pers. Sing.	he	**washes**	**himself**
	she	**washes**	**herself**
	it	**washes**	**itself**
	one	**washes**	**oneself**
1. Pers. Plur.	we	**wash**	**ourselves**
2. Pers. Plur.	you	**wash**	**yourselves**
3. Pers. Plur.	they	**wash**	**themselves**

Im Englischen werden reflexive Verben viel weniger häufig verwendet als im Deutschen. Somit kann nicht jedes Verb, das im Deutschen reflexiv verwendet wird, auch im Englischen reflexiv verwendet werden und umgekehrt.

Reflexiv gebrauchte Verben

Einige wenige Verben werden meist reflexiv verwendet.

- John **exerted himself** to pass the exam.
  (John **strengte sich an** die Prüfung zu bestehen.)
- Peter **prides himself** on his success.

Gelegentlich reflexiv gebrauchte Verben

Einige Verben werden sowohl reflexiv als auch nicht reflexiv verwendet. Häufig liegt zwischen reflexiv verwendeten und nicht reflexiv verwendeten Verben ein Bedeutungsunterschied vor.

- **Behave yourself.**
- He **behaved** in a very bad way.
- John **enjoyed** the party.
- John **enjoyed himself** at the party.

- **to accustom o.s. to** (sich gewöhnen an)
- **to behave o.s.** (sich beherrschen)
- **to compose o.s.** (sich fassen)
- **to distinguish o.s.** (sich auszeichnen)
- **to enjoy o.s.** (sich gut unterhalten)
- **to help o.s.** (sich bedienen)
- **to prove o.s.** (sich erweisen)
- **to serve o.s.** (sich bedienen)

- **to get accustomed to** (sich gewöhnen an)
- **to behave** (sich verhalten)
- **to compose** (bilden; komponieren)
- **to distinguish** (unterscheiden)
- **to enjoy** (genießen)
- **to help** (jm. helfen)
- **to prove** (beweisen)
- **to serve** (dienen)

Nicht reflexiv gebrauchte Verben

Viele Verben, die im Deutschen meist reflexiv sind, sind im Englischen nicht reflexiv. Bei Subjekten, die eine Sache bezeichnen, wird das Verb in der Regel nicht reflexiv verwendet.

- His father is a man who can be **relied upon**.
- I can't buy the new car, because I can't **afford** it.

• **to afford**	(sich leisten)
• **to amount to**	(sich belaufen auf)
• **to approach**	(sich nähern)
• **to boast**	(sich rühmen)
• **to bow**	(sich verbeugen)
• **to care about**	(sich kümmern um)
• **to care for**	(sich sorgen um)
• **to change**	((sich) ändern)
• **to complain**	(sich beklagen)
• **to depend on**	(sich verlassen auf)
• **to fall in love**	(sich verlieben)
• **to happen**	(sich ereignen)
• **to imagine**	(sich vorstellen, einbilden)
• **to improve**	(sich (ver)bessern)
• **to join**	(sich anschließen)
• **to lie down**	(sich hinlegen)
• **to look forward to**	(sich freuen auf)
• **to meet**	(sich treffen)
• **to refuse**	(sich weigern)
• **to recover**	(sich erholen)
• **to rely (up)on**	(sich verlassen auf)
• **to remember**	(sich erinnern)
• **to retire**	(sich zurückziehen)
• **to rise**	(sich erheben, aufstehen)
• **to sit down**	(sich setzen)
• **to wonder**	(sich wundern, fragen)

Zur Vermeidung der Reflexivkonstruktion können Ausdrücke wie **to be, to get, to become, to grow** + past participle oder Adjektiv, Adverb verwendet werden.

- After a few weeks, I **got accustomed to** the hard work in the field.
- At the conference, I **became acquainted with** Mr Chambers.

• **to get accustomed to**	(sich gewöhnen an)
• **to become acquainted with**	(sich kennenlernen)
• **to get angry**	(sich ereifern)
• **to grow better**	(sich (ver)bessern)
• **to grow worse**	(sich verschlechtern)
• **to be interested in**	(sich interessieren für)
• **to get married to**	(sich verheiraten mit)
• **to get rid of**	(sich entledigen)
• **to be satisfied with**	(sich zufriedengeben mit)

Die reziproken Verben (Reciprocal Verbs)

Reziproke Verben drücken die Gegenseitigkeit, Wechselbeziehung aus (einander, gegenseitig). Diese Verben werden von den Pronomen **each other** bzw. **one another** begleitet, wobei **each other** vorzugsweise bei zwei Personen und **one another** bei mehreren Personen steht.

- We **help each other**.
  (Wir **helfen** ***einander***.)
- They **heard each other's** voice.
- They **shook hands** with **each other**.
- The neighbours **help one another**.
- They **love one another**.
- They **care about one another.**

Das Verb und seine Ergänzungen (The Verb and its Complements)

Die Verben können eine oder mehrere der folgenden Ergänzungen, d. h. Objekte oder prädikative Ergänzungen bei sich haben.
Es ist jedoch zu beachten, daß das englische Verb nicht dieselben Ergänzungen bzw. Objekte bei sich haben muß wie das deutsche Verb, d. h. ein Verb, das im Deutschen mit direktem Objekt (Akkusativ) steht, kann im Englischen mit indirektem Objekt (Dativ) stehen und umgekehrt.

Verben mit direktem Objekt (Verbs with a Direct Object)

Das direkte Objekt wird im Englischen stets ohne die Präposition **to** an das Verb angeschlossen.
Verben mit direktem Objekt heißen transitive Verben (transitive verbs).

- He **allowed** *me* to stay until midnight.
- He **answered** *the question* in a complicated way.
- He slowly **approached** *the unknown man.*

• **to advise s.o.**	(jm. raten)	• **to obey s.o.**	(jm. gehorchen)
• **to allow s.o.**	(jm. erlauben)	• **to order s.o.**	(jm. befehlen)
• **to answer s.o.**	(jm. antworten)	• **to permit s.o.**	(jm. erlauben)
• **to approach s.o.**	(sich jm. nähern)	• **to please s.o.**	(jm. gefallen)
• **to believe s.o.**	(jm. glauben)	• **to remember s.o.**	(sich an jn. erinnern)
• **to command s.o.**	(jm. befehlen)	• **to resist s.o.**	(sich jm. widersetzen)
• **to follow s.o.**	(jm. folgen)	• **to serve s.o.**	(jm. dienen)
• **to forgive s.o.**	(jm. vergeben)	• **to thank s.o.**	(jm. danken)
• **to help s.o.**	(jm. helfen)	• **to threaten s.o.**	(jm. drohen)
• **to join s.o.**	(sich jm. anschließen)	• **to trust s.o.**	(jm. vertrauen)
• **to meet s.o.**	(jm. begegnen)		

Einige Verben, die meist kein Objekt bei sich haben, können mit direktem Objekt verwendet werden. Sie ändern dann allerdings ihre Bedeutung oder werden mit *lassen* übersetzt. Diese Verben heißen faktitive (factitive) oder kausative Verben (causative verbs).

- Her hair **grows** quickly.
- He **grows** *rye and wheat.*
- He **returned** late in the night.
- I have to **return** *the book* tomorrow.

• **to drop**	(fallen)	• **to drop s.th.**	(etw. fallen lassen)
• **to enter**	(eintreten)	• **to enter s.th.**	(etw. eintragen)
• **to fail**	(scheitern)	• **to fail s.o.**	(jn. durchfallen lassen)
• **to fly**	(fliegen)	• **to fly s.th.**	(etw. fliegen lassen)
• **to grow**	(wachsen)	• **to grow s.th.**	(etw. anbauen)
• **to pass**	(vorübergehen)	• **to pass s.th.**	(etw. reichen)
• **to return**	(zurückkehren)	• **to return s.th.**	(etw. zurückgeben)
• **to run**	(laufen)	• **to run s.th.**	(etw. laufen lassen, leiten)

• **to sink**	(sinken)	• **to sink s.th.**	(etw. versenken)
• **to stand**	(stehen)	• **to stand s.th.**	(etw. aushalten)
• **to work**	(arbeiten)	• **to work s.o.**	(jn. arbeiten lassen)

Verben mit indirektem Objekt (Verbs with an Indirect Object)

Das indirekte Objekt ist meist ein persönliches Objekt, also eine Person.
Das indirekte Objekt kann mit und ohne Präposition, meist **to,** an das Verb angeschlossen werden. Es steht mit **to**, wenn es besonders hervorgehoben werden soll, wenn es viel länger ist als das direkte Objekt oder wenn das direkte Objekt **it** oder **them** ist.
Die folgenden Verben müssen das indirekte Objekt jedoch immer mit der Präposition **to** anschließen. Das indirekte Objekt steht dann meist nach dem direkten Objekt.

- Mary **taught** *John* English.
- Mary **explained** the case *to John.*
- **Write** a letter *to your cousin Jill who is ill.*
- I **explained** it *to him.*
- I **gave** them *to John.*
- I **introduced** John *to my father.*
- The teacher **demonstrated** *to the pupils* how to solve this problem.
- He **described** the case *to me* in every detail.
- I **suggested** *to him* that he should leave her alone.

• **to add s.th. to s.th.**	(etw. hinzufügen)	• **to mention s.th. to s.o.**	(bei jm. etw. erwähnen)
• **to address s.th. to s.o.**	(etw. an jn. richten)	• **to prefer s.th. to s.th.**	(etw. vorziehen)
• **to admit s.th. to s.o.**	(jm. etw. zugeben)	• **to propose s.th. to s.o.**	(jm. etw. vorschlagen)
• **to announce s.th. to s.o.**	(jm. etw. ankündigen)	• **to prove s.th. to s.o.**	(jm. etw. beweisen)
• **to declare s.th. to s.o.**	(jm. etw. erklären)	• **to read s.th. to s.o.**	(jm. etw. vorlesen)
• **to deliver s.th. to s.o.**	(jm. etw. liefern)	• **to repeat s.th. to s.o.**	(jm. etw. wiederholen)
• **to demonstrate s.th. to s.o.**	(jm. etw. demonstrieren)	• **to reply s.th. to s.o.**	(jm. etw. erwidern)
• **to describe s.th. to s.o.**	(jm. etw. beschreiben)	• **to say s.th. to s.o.**	(jm. etw. sagen)
• **to distribute s.th. to s.o.**	(jm. etw. austeilen)	• **to seem s.th. to s.o.**	(jm. scheinen)
• **to explain s.th. to s.o.**	(jm. etw. erklären)	• **to suggest s.th. to s.o.**	(jm. etw. vorschlagen)
• **to introduce s.th. to s.o.**	(jm. etw. vorstellen)		

Verben mit präpositionalem Objekt (Verbs with a Prepositional Object)

Präpositionale Objekte werden mit einer Präposition an das Verb angeschlossen.
Es gibt keine allgemeingültigen Regeln dafür, welche Präpositionen an welche Verben angeschlossen werden können. Es empfiehlt sich daher jedes Verb gleich mit seinen möglichen Präpositionen zu lernen.

- The criminal was **accused** *of murder.*
  (**to accuse s.o. of s.th.**)
  (Der Verbrecher wurde *wegen Mordes* **angeklagt**.)
- He **congratulated** her *on her great success.*
  (**to congratulate s.o. on s.th.**)
  (Er **beglückwünschte** sie *zu ihrem großen Erfolg.*)

Verben ohne Objekt (Verbs without an Object)

Einige Verben können auch ohne Objekt stehen. Diese Verben heißen intransitive Verben (intransitive verbs).

- I **am** ill.
- He will **arrive** this afternoon.

Verben mit prädikativer Ergänzung (Verbs with a Predicative Complement)

Die prädikative Ergänzung bezieht sich entweder auf das Subjekt oder Objekt.
Sie kann ein Adjektiv sein und gibt die Eigenschaft von Subjekt oder Objekt an, oder sie ist ein Substantiv und wird ohne Präposition, besonders an die Verben des Ernennens, Dafürhaltens, angeschlossen (im Deutschen steht hier meist *zu*). Einige Verben schließen die prädikative Ergänzung mit **as** an.

- *He* **stood** *silent* at the door.
- He **kept** *his eyes open.*
- John F. Kennedy was **elected** *President* in 1960.
  (John F. Kennedy wurde 1960 *zum Präsidenten* **gewählt**.)
- He is **regarded** *as an honest man.*

Verben mit adverbialen Bestimmungen (Verbs with Adverbial Elements)

Adverbiale Bestimmungen (Umstandsbestimmungen) geben die Zeit (adverbial elements of time), den Ort (adverbial elements of place), die Art und Weise (adverbial elements of manner), den Grund, die Ursache (adverbial elements of cause) an.

- We **came back** *last week.*
- We **arrived** *at the airport.*
- He *slowly* **approached** us.
- He **was beside himself** *with rage.*

Die Zeiten (The Tenses)

Mit Hilfe der Zeiten (Tempora) werden bestimmte Vorgänge oder Zustände der Vergangenheit, Gegenwart oder Zukunft zugeordnet.

Einfache Zeiten (Non-Compound Tenses)

Die einfachen Zeiten werden ohne Hilfsverb gebildet.

- I **go** to school.
- I **went** to school.

Zusammengesetzte Zeiten (Compound Tenses)

Die zusammengesetzten Zeiten können nicht ohne Hilfsverb gebildet werden.

- I ***have*** **lived** in London.
- I ***will have*** **lived** in London.

Es ist zu beachten, daß die deutschen Zeiten nicht einfach ins Englische übertragen werden können, d. h., wenn im Deutschen z. B. das Präsens steht, ist dies im Englischen nicht automatisch mit dem present tense zu übersetzen. Die Auswahl der Zeiten im Englischen ist danach zu treffen, welcher Sachverhalt (z. B. Vorgang, der in die Gegenwart reicht, zukünftiger Vorgang etc.) ausgedrückt werden soll.

	Present Tense	
Gegenwart	Zum Ausdruck von Vorgängen, die in der Gegenwart stattfinden, von allgemeingültigen Tatsachen.	• Bob **reads** books. • I **go** to school. • The earth **turns** round the sun.

	Past Tense	Present Perfect
Vergangenheit	Zum Ausdruck von Vorgängen, die in der Vergangenheit stattfanden und in ihr völlig abgeschlossen sind und von geschichtlichen Tatsachen.	Zum Ausdruck, daß ein Vorgang, der in der Vergangenheit begonnen hat, bis in die Gegenwart hineinreicht oder in der Gegenwart (ohne Unterbrechung) immer noch andauert. Im letzteren Fall wird meist das present perfect continuous verwendet, außer bei den Verben die normalerweise nicht in der continuous form stehen.

Past Tense	Present Perfect
Das past tense steht häufig in Verbindung mit den folgenden Zeitangaben, die auf einen völlig abgeschlossenen Vorgang hinweisen. • **(long) ago** • **long since** • **formerly** • **in 1963 ...** • **last year** etc. • **at that time** • **once** • **then** • **yesterday** • **the other day**	Dies wird im Deutschen durch das Präsens und häufig durch das Adverb *schon* übersetzt. Das present perfect steht häufig mit den folgenden Zeitangaben, die auf einen bis zur Gegenwart reichenden Zeitraum hinweisen. • **just** • **ever since** • **since then** • **so far** • **up till now** • **up to now** • **up to the present** • **(not) yet**
• The train **arrived** at 10 o'clock. • *Last year*, I **spent** my holidays in France.	• I **have lived/have been living** in London *for 10 years*. (Ich **lebe** *(schon) seit 10 Jahren* in London (und ich lebe immer noch da).)
Bei den folgenden Zeitbestimmungen muß das past tense stehen, wenn der Vorgang völlig abgeschlossen ist. • **already** • **always** • **for 2 weeks, ...** • **ever** • **never** • **since** • **this week, ...** • **today** **For** bezeichnet einen Zeitraum, **since** bezeichnet einen Zeitpunkt.	Bei den folgenden Zeitbestimmungen muß das present perfect stehen, wenn der Vorgang bis in die Gegenwart hineinreicht bzw. in der Gegenwart noch andauert. • **already** • **always** • **for 2 weeks, ...** • **ever** • **never** • **since** • **this week, ...** • **today** **For** bezeichnet einen Zeitraum, **since** bezeichnet einen Zeitpunkt.
• We **were** there *for an hour*. (Wir **waren** *eine Stunde lang* dort (und sind nicht mehr dort).)	• We **have been** here *for an hour*. (Wir **sind** *seit einer Stunde* hier (und sind immer noch hier).)

Vorvergangenheit

Past Perfect	
Zum Ausdruck der Vorvergangenheit, d. h. eines Vorgangs, der beendet war, bevor ein anderer einsetzte. Es wird von einem Zeitpunkt der Vergangenheit auf einen früheren zurückgeblickt. Das past perfect kann nur mit dem past tense verwendet werden.	• I **had waited** for 3 hours before the train finally arrived. (Ich **hatte** 3 Stunden **gewartet**, bevor der Zug endlich ankam. (Das Warten fand vor der Ankunft des Zuges statt.)) • John **had finished** his homework before he met his friends Paul and Mary.

Zukunft (unvollendet)

Future Tense	**to be going to**
Zum Ausdruck von Vorgängen, die von der Gegenwart aus gesehen, in der Zukunft liegen. Im Deutschen wird hier häufig das Präsens verwendet. Das future tense, das mit **will** + infinitive gebildet wird, ist nicht zu verwechseln mit dem deutschen Verb *wollen* (**to want**). Zum Ausdruck der Zukunft steht **will** immer in der Bedeutung *werden*.	Zum Ausdruck von Vorgängen, die von der Gegenwart aus gesehen, in der nahen Zukunft liegen. Die **going-to**-Form wird vor allem in der Umgangssprache verwendet und für Vorgänge, die sehr wahrscheinlich sind. Zum Ausdruck der nahen Zukunft wird häufig auch **to be about to +** infinitive, **to be on the point of** + gerund (gerade dabei sein etwas zu tun) verwendet.
• In future, he **will work** much harder. (In Zukunft **wird** er härter **arbeiten**.) • I think Manchester United **will win** 2:0. • She **will** probably **be** elected to the Senate in November.	• I **am going to start** tomorrow morning. (Ich **werde** morgen früh **losfahren**.) • I **was about to leave** the house when the telephone rang. • I **was on the point of leaving** the house when the telephone rang.

Present Tense Simple	Present Tense Continuous
Zum Ausdruck eines Vorgangs, der von der Gegenwart aus gesehen, in der Zukunft liegt. Dabei steht es vor allem mit Zeitbestimmungen, die auf die Zukunft weisen (**until, before** etc.).	Zum Ausdruck eines Vorgangs, der von der Gegenwart aus gesehen, in der nahen Zukunft liegt. Es steht vor allem mit einer auf die Zukunft weisenden Zeitangabe und den Verben der Bewegung (**to go, to come, to arrive, to leave** etc.).
• We **land** in Dublin at 1 p.m. • I'll come and see you before you **leave.**	• **Are you doing** anything tonight? I **am going** to the theatre (tonight).

Zukunft (vollendet)

Future Perfect	Future in the Past	Future Perfect in the Past
Zum Ausdruck von Vorgängen, die an einem Zeitpunkt der Zukunft abgeschlossen sein werden.	Zum Ausdruck von Vorgängen, die von einem Zeitpunkt der Vergangenheit aus gesehen, noch nicht geschehen waren.	Zum Ausdruck von Vorgängen, die von einem Zeitpunkt der Vergangenheit aus gesehen, an einem Zeitpunkt in der Zukunft abgeschlossen sein werden.

Future Perfect	Future in the Past	Future Perfect in the Past
Das future perfect steht meist in Verbindung mit Zeitangaben. Im Deutschen wird, neben dem Futur II, häufig auch das Perfekt verwendet.	Diese Vorgänge lagen also von diesem Zeitpunkt aus noch in der Zukunft.	
• Next May, he **will have lived** in London for 10 years. (Nächsten Mai **wird** er 10 Jahre in London **gelebt haben/hat** er ... **gelebt**.)	• The manager *informed* his secretary that he **would be** in the office *on Monday*. (Der Manager *informierte* seine Sekretärin, daß er *am Montag* im Büro **sein wird**.)	• He *thought* that he **would have finished** his work by Monday. (Er *dachte*, daß er seine Arbeit bis Montag **beendet haben wird/beendet hat**.)

Die Simple (Ordinary) und Continuous (Progressive) Form

Die continuous oder progressive form ist eine Besonderheit der englischen Sprache und dient zum Ausdruck des Verlaufs eines Vorgangs, des momentanen Sprechzeitpunkts. Grundsätzlich können alle Zeiten in der simple oder continuous form verwendet werden. In welcher Form eine Zeit letztendlich verwendet wird, hängt davon ab, welcher der folgenden Sachverhalte zutreffend ist.

	Simple Form	Continuous Form
Verlauf, Kontinuität	Zum Ausdruck, daß ein Vorgang zu einem bestimmten Zeitpunkt nicht mehr andauert, unterbrochen ist.	Zum Ausdruck des ununterbrochenen Verlaufs, der Kontinuität, der allmählichen Entwicklung, daß ein Vorgang zu einem bestimmten Zeitpunkt noch andauert (gerade).
	• Bob **leaves** the house for school at 7 a.m.	• He **is washing** his hair. (Er **wäscht sich gerade** das Haar.) • It **was getting** dark.
Vorgänge von Dauer	Zum Ausdruck von Vorgängen, die von Dauer sind.	Zum Ausdruck von Vorgängen, die von vorübergehender Dauer sind.
	• He **is** a really nice boy. • I **enjoy** this kind of book.	• Bob **is doing** his homework. • Peter **is leaving** the house.

	Simple Form	Continuous Form
Augenblickshandlungen	Zum Ausdruck von Vorgängen, die nur einen Augenblick dauern.	
	• Suddenly, a man with a mask **entered** the shop. • Pat **switched off** the light.	
Aufeinanderfolgende/ gleichzeitig verlaufende Vorgänge	Zum Ausdruck aufeinanderfolgender Vorgänge.	Zum Ausdruck gleichzeitig, parallel verlaufender Vorgänge.
	• We **came** into the room**, sat down,** and **began** to write.	• *While* I **was doing** my homework, my brother **was reading**.
Neu eintretende/ noch andauernde Vorgänge	Zum Ausdruck eines neu eintretenden Vorgangs während ein anderer noch andauert. Der neu eintretende Vorgang steht dabei in der simple form.	Zum Ausdruck eines noch andauernden Vorgangs während ein anderer neu eintritt. Der noch andauernde Vorgang steht dabei in der continuous form.
	• While she was washing her hair, the telephone **rang.**	• *While* she **was washing** her hair, the telephone rang.
Gewohnheitsmäßige Vorgänge	Zum Ausdruck gewohnheitsmäßiger, immer wiederkehrender Vorgänge.	
	• *Every morning*, I **go** to school. • Christmas **comes** but once a year.	
to have, Verben des Besitzens	Zum Ausdruck eines Besitzverhältnisses steht **to have**, wie andere Verben, die ein Besitzverhältnis ausdrücken, in der simple form.	Wenn es kein Besitzverhältnis ausdrückt, kann **to have** in der continuous form stehen.
	• I **have** Bob's book. (Ich **habe (besitze)** Bobs Buch.) • His parents **own** this big house.	• I **am having** a bath. (Ich **nehme gerade** ein Bad.)
Verben des Sagens und Denkens	Die Verben des Sagens und Denkens stehen in ihrer ursprünglichen Bedeutung in der simple form.	

	Simple Form	Continuous Form
	• **to agree** • **to mean** • **to believe** • **to remember** • **to doubt** • **to seem** • **to expect** • **to suppose** • **to feel** • **to think** • **to hope** • **to trust** • **to know** • **to understand**	
	• I **think** that he will fail. • How do you **feel** today?	
Verben der Sinneswahrnehmung	Die Verben der Sinneswahrnehmung stehen in ihrer ursprünglichen Bedeutung in der simple form. • **to hear** • **to smell** • **to realize** • **to taste** • **to see**	
	• I **hear** the music. • I **see** smoke.	
Verben des persönlichen Empfindens	Die Verben des persönlichen Empfindens stehen in ihrer ursprünglichen Bedeutung in der simple form. • **to desire** • **to mind** • **to dislike** • **to prefer** • **to forgive** • **to refuse** • **to hate** • **to want** • **to like** • **to wish** • **to love**	
	• I **prefer** red to blue. • I **want** you to do your homework.	

Das Passiv (The Passive Voice)

Im Passiv vollzieht sich ein Vorgang am Subjekt, d. h. das Subjekt des Satzes ist nicht selbst der Handelnde, sondern der „Leidende“. Daher wird das Passiv auch Leideform genannt.
Im Aktiv (active voice) ist das Subjekt selbst der Handelnde, es führt eine Handlung selbst aus (Tätigkeitsform, Tatform).

Das Passiv wird aus **to be** + past participle gebildet, d. h. steht das Prädikat des Aktivsatzes zum Beispiel im present tense simple, so steht **to be** im Passivsatz ebenfalls im present tense simple und das past participle des Vollverbs wird hinzugefügt.
Der Urheber oder die Ursache der Handlung (by-agent) wird mit **by** angefügt oder weggelassen, wenn er oder sie unbekannt oder irrelevant ist.
Das Objekt des Aktivsatzes wird zum Subjekt des Passivsatzes.

In Aktivsätzen mit einem direkten Objekt wird dieses zum Subjekt des Passivsatzes.

	Subjekt	Prädikat	Direktes Objekt
Aktiv	**The caretaker**	**opens**	**the door.**
Passiv	**The door**	**is opened**	**(by the caretaker).**

In Sätzen mit einem direkten und einem indirekten Objekt + **to** kann immer nur das direkte Objekt Subjekt des Passivsatzes werden.

	Subjekt	Prädikat	Direktes Objekt	Indir. Objekt + **to**
Aktiv	Mary	explained	**the case**	to him.
Passiv	**The case**	was explained	to him	(by Mary).

In Sätzen mit einem direkten Objekt und einem indirekten Objekt ohne **to** wird meist das indirekte Objekt zum Subjekt des Passivsatzes.

	Subjekt	Prädikat	Ind. Obj. ohne **to**	Direktes Objekt
Aktiv	Mary	promised	**them**	a new book.
Passiv	**They**	were promised	a new book	(by Mary).

In Sätzen mit einem präpositionalen Objekt muß die mit dem Verb verbundene Präposition auch im Passivsatz erhalten bleiben, da Verb und Präposition eine Einheit bilden.

	Subjekt	Prädikat	Präpositionales Objekt
Aktiv	The police	laid hold **of**	**the thief.**
Passiv	**The thief**	was laid hold **of**	(by the police).

Das Zustandspassiv

Das Zustandspassiv bezeichnet einen Zustand und wird im Deutschen mit *sein* gebildet (sein-Passiv).

- The window **is opened**.
  (Das Fenster **ist geöffnet**.)

Das Vorgangspassiv

Das Vorgangspassiv bezeichnet einen Vorgang und wird im Deutschen mit *werden* gebildet (werden-Passiv).

- The window **is opened** by the caretaker.
  (Das Fenster **wird** vom Hausmeister **geöffnet**.)

Im Gegensatz zum Deutschen haben Zustands- und Vorgangspassiv im Englischen dieselbe Form. Um welches Passiv es sich handelt, läßt sich meist aus dem Zusammenhang erkennen.

Um Verwechslungen zwischen Vorgangs- und Zustandspassiv zu vermeiden, kann das Vorgangspassiv auch mit **to get** oder der continuous form, insbesondere zum Ausdruck eines Vorgangs, der im Moment des Sprechens noch andauert, gebildet werden.

- The window **is being opened.**
  (Das Fenster **wird geöffnet**.)
- The window **gets opened**.
  (Das Fenster **wird geöffnet**.)
- These houses **are being built.**
  (Diese Häuser **werden (gerade) gebaut**. (Der Bau ist noch nicht abgeschlossen.))

Das Passiv kann in allen Zeiten der simple form gebildet werden. In der continuous form ist das Passiv nur im present tense und im past tense gebräuchlich.

In der folgenden Tabelle ist die Umwandlung eines Aktivsatzes in den entsprechenden Passivsatz durch alle Zeiten anhand der 3. Person Singular dargestellt.
Zu jedem Satz ist die deutsche Übersetzung gegeben, wobei Normalschrift das Vorgangspassiv und Kursivschrift das Zustandspassiv bezeichnet.
Anschließend ist die Konjugation der passiven Formen durch sämtliche Personen dargestellt.

Aktiv und Passiv in der Simple Form

Mod.	Zeit	Aktiv				
Ind.	Pres. T.	**The caretaker** Der Hausmeister		**opens** öffnet	**the door.** die Tür.	
	Past T.	**The caretaker** Der Hausmeister		**opened** öffnete	**the door.** die Tür.	
	Pres. Perf.	**The caretaker** Der Hausmeister	**has** hat	**opened**	**the door.** die Tür	geöffnet.
	Past Perf.	**The caretaker** Der Hausmeister	**had** hatte	**opened**	**the door.** die Tür	geöffnet.
	Future T.	**The caretaker** Der Hausmeister	**will** wird	**open**	**the door.** die Tür	öffnen.
	Fut. Perf.	**The caretaker** Der Hausmeister	**will have** wird	**opened**	**the door.** die Tür	geöffnet haben.
Con.	Con.	**The caretaker** Der Hausmeister	**would** würde	**open**	**the door.** die Tür	öffnen.
	Con. Perf.	**The caretaker** Der Hausmeister	**would have** würde	**opened**	**the door.** die Tür	geöffnet haben.

Future in the past und future perfect in the past haben dieselbe Form wie conditional

Aktiv und Passiv in der Continuous Form

Mod.	Zeit	Aktiv			
Ind.	Pres. T.	**The caretaker** Der Hausmeister	**is** öffnet	**opening**	**the door.** die Tür.
	Past T.	**The caretaker** Der Hausmeister	**was** öffnete	**opening**	**the door.** die Tür.

Passiv					
The door	**is**		**opened**	**by the caretaker.**	
Die Tür	wird			vom Hausmeister	geöffnet.
Die Tür	*ist*				*geöffnet.*
The door	**was**		**opened**	**by the caretaker.**	
Die Tür	wurde			vom Hausmeister	geöffnet.
Die Tür	*war*				*geöffnet.*
The door	**has**	**been**	**opened**	**by the caretaker.**	
Die Tür	ist			vom Hausmeister	geöffnet worden.
Die Tür	*ist*				*geöffnet gewesen.*
The door	**had**	**been**	**opened**	**by the caretaker.**	
Die Tür	war			vom Hausmeister	geöffnet worden.
Die Tür	*war*				*geöffnet gewesen.*
The door	**will**	**be**	**opened**	**by the caretaker.**	
Die Tür	wird			vom Hausmeister	geöffnet werden.
Die Tür	*wird*				*geöffnet sein.*
The door	**will have**	**been**	**opened**	**by the caretaker.**	
Die Tür	wird			vom Hausmeister	geöffnet worden sein.
Die Tür	*wird*				*geöffnet gewesen sein.*
The door	**would**	**be**	**opened**	**by the caretaker.**	
Die Tür	würde			vom Hausmeister	geöffnet werden.
Die Tür	*würde*				*geöffnet sein.*
The door	**would have**	**been**	**opened**	**by the caretaker.**	
Die Tür	würde			vom Hausmeister	geöffnet worden sein.
Die Tür	*würde*				*geöffnet gewesen sein.*

nal und conditional perfect.

Passiv					
The door	**is**	**being**	**opened**	**by the caretaker.**	
Die Tür	wird			vom Hausmeister	geöffnet.
The door	**was**	**being**	**opened**	**by the caretaker.**	
Die Tür	wurde			vom Hausmeister	geöffnet.

Die Konjugation passiver Formen in der Simple Form

Mod.	Zeit	1. Person Singular	2. Person Singular	3. Person Singular
Ind.	Pres. T.	I *am* loved	you *are* loved	he *is* loved
	Past T.	I *was* loved	you *were* loved	he *was* loved
	Pres. Perf.	I *have* *been* loved	you *have* *been* loved	he ***has*** *been* loved
	Past Perf.	I *had* *been* loved	you *had* *been* loved	he *had* *been* loved
	Future T.	I *will* **be** loved	you *will* **be** loved	he *will* **be** loved
	Fut. Perf.	I *will have* *been* loved	you *will have* *been* loved	he *will have* *been* loved
	Fut. Past	I *would* **be** loved	you *would* **be** loved	he *would* **be** loved
	Fut. P. P.	I *would have* *been* loved	you *would have* *been* loved	he *would have* *been* loved
Con.	Con.	I *would* **be** loved	you *would* **be** loved	he *would* **be** loved
	Con. Perf.	I *would have* *been* loved	you *would have* *been* loved	he *would have* *been* loved
Imp.	Imp.		*be* loved	
Inf.	Present	to *be* loved		
	Perfect	to *have been* loved		
Part.	Present	*being* loved		
	Past	-		
	Perfect	*having been* loved		
Ger.	Present	*being* loved		
	Perfect	*having been* loved		

Die Konjugation passiver Formen in der Continuous Form

Mod.	Zeit	1. Person Singular	2. Person Singular	3. Person Singular
Ind.	Pres. T.	I *am* *being* loved	you *are* *being* loved	he *is* *being* loved
	Past T.	I *was* *being* loved	you *were* *being* loved	he *was* *being* loved

1. Person Plural	2. Person Plural	3. Person Plural
we *are* loved	you *are* loved	they *are* loved
we *were* loved	you *were* loved	they *were* loved
we *have been* loved	you *have been* loved	they *have been* loved
we *had been* loved	you *had been* loved	they *had been* loved
we *will* ***be*** loved	you *will* ***be*** loved	they *will* ***be*** loved
we *will have been* loved	you *will have been* loved	they *will have been* loved
we *would* ***be*** loved	you *would* ***be*** loved	they *would* ***be*** loved
we *would have been* loved	you *would have been* loved	they *would have been* loved
we *would* ***be*** loved	you *would* ***be*** loved	they *would* ***be*** loved
we *would have been* loved	you *would have been* loved	they *would have been* loved
	be loved	

1. Person Plural	2. Person Plural	3. Person Plural
we *are being* loved	you *are being* loved	they *are being* loved
we *were being* loved	you *were being* loved	they *were being* loved

Die indirekte Rede (Reported, Indirect Speech)

In der indirekten Rede werden Aussagen einer Person A durch eine Person B an eine dritte Person C weitergegeben.

Bei der Umwandlung der direkten in die indirekte Rede sind, neben der unten aufgeführten Veränderung der Zeiten, die folgenden Veränderungen von Personen-, Zeitangaben etc. zu beachten.

	Direkte Rede	Indirekte Rede
Einleitung	Die direkte Rede wird durch Doppelpunkt oder Komma eingeleitet und in Anführungszeichen gesetzt.	Die indirekte Rede wird nicht durch Komma oder Doppelpunkt und Anführungszeichen gekennzeichnet. Die indirekte Rede wird durch ein Verb des Sagens, Denkens oder Meinens (**to say, to answer, to reply, to explain, to state** etc.) und nachfolgendes **that** eingeleitet. Meist wird **that** jedoch weggelassen.
	• He says: «I will go now.» • He says, «I will go now.»	• He **says (that)** he will go at once.
Modalverben	Die Modalverben ändern sich wie in nebenstehender Spalte aufgeführt. • **can, could** • **may, might** • **must** • **need** • **shall, should** • **ought to** • **will, would** • **used to**	Die in nebenstehender Spalte aufgeführten Modalverben ändern sich in der Regel wie folgt. • **could** • **might** • **must** • **need** • **should** • **ought to** • **would** • **used to**
	• He said: «We **can** go now.» • He said: «We **could** go now.»	• He said (that) they **could** go at once. • He said (that) they **could** go at once.

	Direkte Rede	Indirekte Rede
Personenangaben	Bei der Änderung von Personenangaben hängt es letztendlich davon ab, wer eine Aussage an wen weitergibt. Im allgemeinen werden die Personenangaben, die • den **Sprecher** betreffen, • den **Angesprochenen** betreffen, • eine **dritte Person** betreffen, wie in nebenstehender Spalte aufgeführt, geändert.	Die in nebenstehender Spalte aufgeführten Personenangaben ändern sich zumeist wie folgt. • **1. Person** (der Sprecher gibt seine eigenen Worte wieder) • **2. Person** • **3. Person**
	• *I* said: «**I** will pass the exam in any case.» • *He* said: «**You** must stay in bed.» • *You* said: «**He** must go home.»	• *I* said (that) **I** would pass the exam in any case. • *He* said (that) **you** must stay in bed. • *You* said (that) **he** must go home.
Zeitangaben, Ortsangaben	Die folgenden Zeit- und Ortsangaben ändern sich wie in nebenstehender Spalte aufgeführt. • **today** • **yesterday** • **the day before yesterday** • **tomorrow** • **next week, month, year** • **last week, month, year** • **ago** • **now** • **here**	Die in nebenstehender Spalte aufgeführten Zeit- und Ortsangaben ändern sich wie folgt. Zeitangaben, die am gleichen Tag wiedergegeben werden, bleiben unverändert. • **that day** • **the day before, the previous day** • **two days before** • **the next, following day** • **the following week, month, year** • **the week, month, year before, the previous week, month, year** • **before** • **then, at once** • **there**
	• He said: «I saw her two years **ago**.» • He said: «I met her at the station, **yesterday**.»	• He said (that) he had seen her two years **before.** • He said (that) he had met her at the station **the day before.**

	Direkte Rede	Indirekte Rede
Fragesätze	Fragesätze in der direkten Rede (direkte Fragesätze) werden mit Fragezeichen abgeschlossen.	Fragesätze in der indirekten Rede (indirekte Fragesätze) werden mit Punkt abgeschlossen und mit einem Verb wie **to ask, to inquire, to wonder, to want to know** etc. eingeleitet. Soll die befragte Person erwähnt werden, kann nur **to ask** verwendet werden.
	• He said: «Mary, what have you done in my room**?**»	• He **asked Mary** what she had done in his room**.**
Fragen mit Fragewort		Indirekte Fragesätze werden mit dem Fragewort des direkten Fragesatzes eingeleitet. Die Wortstellung entspricht der des einfachen Aussagesatzes.
	• He said: «**What has she done** in my room?» • He said: «**Who solved** the problem?»	• He wondered **what she had done** in his room. • He wondered **who had solved** the problem.
Entscheidungsfragen		Indirekte Entscheidungsfragen werden mit **whether** oder häufiger, vor allem in der Umgangssprache, **if** eingeleitet. Die Wortstellung entspricht der des einfachen Aussagesatzes.
	• He asked: «**Have you done** your homework?»	• He asked **whether/if he had done** his homework.
Antworten mit **yes** und **no**	Antworten mit **yes** und **no** werden wie in nebenstehender Spalte aufgeführt wiedergegeben.	Enthält der Vordersatz ein Vollverb, so wird dieses in der Antwort durch **to do** wieder aufgenommen. Enthält der Vordersatz ein Hilfs- oder Modalverb, so wird in der Antwort das Hilfs- bzw. das Modalverb wieder aufgenommen.

	Direkte Rede	Indirekte Rede
	• He said: «*Do* you want to drive to Seattle?» - She said: «**Yes/No**.» • He said: «*Have* you done your homework?» - She said: «**Yes/No**.» • She said: «*Can* you see Big Ben?» - He said: «**Yes/No**.»	• He asked whether/if she *wanted* to drive to Seattle **and she said (that) she did/didn't**. • He asked whether/if she *had* done her homework **and she said (that) she had/hadn't.** • She asked whether/if he *could* see Big Ben **and he said (that) he could/couldn't**.
Befehl, Aufforderung	Befehle werden in der direkten Rede durch Punkt abgeschlossen.	Befehlssätze werden in der indirekten Rede ebenfalls durch Punkt abgeschlossen und mit einem Verb wie **to tell, to order, to warn (not to), to remind, to advise, to recommend, to beg, to invite, to urge, to ask** (auffordern) etc. eingeleitet. Indirekte Befehle werden durch Objekt + infinitive oder, vor allem nach **to say**, durch **should** + infinitive ohne **to** wiedergegeben.
	• He said: «**Buy** the book.»	• He **said (that) I should buy** the book. • He **told me that I should buy** the book. • He **told me to buy** the book.

Die Zeitenfolge in der indirekten Rede

Bei der Umwandlung der direkten Rede in die indirekte Rede ändert sich ihre Zeit nur, wenn der Einführungssatz in einer Zeit der Vergangenheit (z. B. past tense, past perfect) steht. Steht der Einführungssatz in einer Zeit der Gegenwart (z. B. present tense, present perfect, future tense), wird in der indirekten Rede dieselbe Zeit verwendet wie in der direkten Rede.

Im Gegensatz zum Englischen, wo in der indirekten Rede die Zeiten umgewandelt werden, wird im Deutschen häufig der Konjunktiv verwendet, was gewisse Kenntnise der deutschen Grammatik voraussetzt.
Um den deutschen Konjunktiv zu umgehen, kann in der indirekten Rede dieselbe Zeit verwendet werden wie in der direkten Rede. Die indirekte Rede muß dann allerdings mit *daß* eingeleitet werden, fehlt *daß,* muß der Konjunktiv stehen.

Die folgende Übersicht zeigt die Umwandlung der gebräuchlichsten Zeiten. Zur Veranschaulichung ist zum ersten Beispielsatz die deutsche Übersetzung gegeben.

Direkte Rede	Einführungssatz in der Vergangenheit	Indirekte Rede
Present Tense Simple/Continuous		**Past Tense** Simple/Continuous
«I **buy** a book.»	He said (that)	he **bought** a book.
«I **am buying** a book.»	He said (that)	he **was buying** a book.
„Ich **kaufe** ein Buch."	Er sagte,	**daß** er ein Buch **kauft.**
Past Tense Simple/Continuous		**Past Perfect** Simple/Continuous
«I **bought** a book.»	He said (that)	he **had bought** a book.
«I **was buying** a book.»	He said (that)	he **had been buying** a book.
Present Perfect Simple/Continuous		**Past Perfect** Simple/Continuous
«I **have bought** a book.»	He said (that)	he **had bought** a book.
«I **have been buying** a book.»	He said (that)	he **had been buying** a book.
Past Perfect Simple/Continuous		**Past Perfect** Simple/Continuous
«I **had bought** a book.»	He said (that)	he **had bought** a book.
«I **had been buying** a book.»	He said (that)	he **had been buying** a book.

Direkte Rede	Einführungssatz in der Vergangenheit	Indirekte Rede
Future Tense		**Future in the Past**
«I **will buy** a book.»	He said (that)	he **would buy** a book.
Future Perfect		**Future Perfect in the Past**
«I **will have bought** a book.»	He said (that)	he **would have bought** a book.
Conditional		**Conditional**
«I **would buy** a book.»	He said (that)	he **would buy** a book.
Conditional Perfect		**Conditional Perfect**
«I **would have bought** a book.»	He said (that)	he **would have bought** a book.
Imperative (affirmative)		**should + Infinitiv** ohne **to**
«**Buy** the book.»	He said (that) He told me (that)	I **should buy** the book. I **should buy** the book.
Imperative (affirmative)		**Objekt + Infinitiv + to**
«**Buy** the book.»	He **told**	**me to buy** the book.
Imperative (negative)		**Objekt + not + Infinitiv + to**
«**Don't talk** boys.»	He **told**	**the boys not to talk.**

Future in the past und future perfect in the past werden umgewandelt wie conditional und conditional perfect.

Das Konditional (The Conditional)

Konditional- oder Bedingungssätze (conditional clauses, if-clauses) sind Nebensätze, die vor allem eine Bedingung ausdrücken.
Sie werden durch die folgenden Konjunktionen eingeleitet.

If, if not, unless

If (not) (wenn (nicht)) ist die Konjunktion, die am häufigsten in Bedingungssätzen steht.
Wird, statt **if not**, die Konjunktion **unless** (wenn nicht) verwendet, darf das folgende Verb nicht verneint werden.

- **If** the train *isn't* late, we will arrive in time.
- **Unless** the train *is* late, we will arrive in time.

Suppose, supposing

Zum Ausdruck der Vermutung oder eines Vorschlags werden die Konjunktionen **suppose, supposing** (angenommen, daß) bevorzugt.

- **Supposing** you pass the exam, what will you do then?
- **Suppose** you try again?

Provided (that), on condition that, in case

Zum Ausdruck der Erlaubnis werden die Konjunktionen **provided (that)** (vorausgesetzt, daß), **on condition that** (vorausgesetzt, daß), **in case** (wenn, falls) bevorzugt.

- You can go out tonight **provided (that)** you do your homework now.
- You can go on holiday **on condition that** you pass your exam.

Die Zeitenfolge im Bedingungssatz

Bei der Formulierung von Bedingungssätzen ist vor allem zu beachten, daß in der Regel im Bedingungssatz kein future tense oder conditional stehen darf.
Die folgende Übersicht stellt die häufigsten Zeitkombinationen dar, je nach Sinn sind auch andere Zeitenfolgen möglich.
Im Deutschen steht im Bedingungssatz häufig der Konjunktiv. Zu jedem der folgenden Beispielsätze ist daher als Anhaltspunkt für die Verwendung des deutschen Konjunktivs die deutsche Übersetzung gegeben.

Hauptsatz		Bedingungssatz
Realis (Real Present): Die Bedingung ist erfüllbar, möglich		
Future Tense		**Present Tense**
I **will be** happy	if	you **come**.
Ich **bin** glücklich,	wenn	ihr **kommt**.
Irrealis der Gegenwart (Unreal Present): Die Erfüllung der Bedingung ist unwahrscheinlich		
Conditional		**Past Tense**
I **would be** happy	if	you **came**.
Ich **wäre** glücklich,	wenn	ihr **kämt**.
I **would be** happy	if	I **were** you.*
Statt des oft ungebräuchlichen Konjunktivs, wird hier im Deutschen oft die Umschreibung mit der würde-Form verwendet.		
Conditional		**Past Tense**
He **would pass** the exam	if	he **learnt** harder.
Er **würde** die Prüfung **bestehen**,	wenn	er mehr **lernen würde**.
(Er **bestünde** die Prüfung,	wenn	er mehr **lernte**.)
Irrealis der Vergangenheit (Past Unreality): Die Bedingung bleibt unerfüllt		
Conditional Perfect		**Past Perfect**
I **would have been** happy	if	you **had come**.
Ich **wäre** glücklich **gewesen**,	wenn	ihr **gekommen wärt**.

* Das past tense von **to be** der 1. und 3. Person Singular lautet in diesem Fall **were** (in der Umgangssprache auch **was**).

Der Imperativ (The Imperative)

Der Imperativ, die sogenannte Befehlsform, drückt einen Befehl, eine Aufforderung aus.
Der Aufforderungssatz wird mit Punkt abgeschlossen. Es steht nur dann ein Ausrufezeichen, wenn es sich wirklich um einen Ausruf handelt.

Der bejahte Imperativ (The Affirmative Imperative)

Der bejahte Imperativ steht zum Ausdruck eines Befehl, einer Aufforderung, die an die 2. Person Singular oder Plural (**you**) gerichtet ist. Damit sind eine oder mehrere Personen gemeint, die man duzt (du, ihr) oder siezt (Sie).

- **Be** quiet.
  (**Sei** ruhig!)
  (**Seid** ruhig!)
  (**Seien Sie** (eine oder mehrere Personen) ruhig!)

Zwei Imperative werden durch **and** verbunden. Der zweite Imperativ wird im Deutschen häufig mit dem Infinitiv + *zu* übersetzt.

- **Try** *and* **read** clearly.
  (**Versuche** deutlich *zu* **lesen.**)
- **Sit down** *and* **be** quiet.

Der verneinte Imperativ (The Negative Imperative)

Der verneinte Imperativ wird mit **to do** umschrieben.

- **Don't forget** your books.
- **Don't go** into this room.

Der Infinitiv (The Infinitive)

Der Infinitiv ist die Grundform des Verbs und gehört zu den infiniten, nicht konjugierten Verbformen, die keine Personen- oder Zeitangabe beinhalten.

Das Englische kennt den present infinitive, den perfect infinitive und den present continuous infinitive und perfect continuous infinitive.
Present und perfect continuous infinitive werden selten verwendet und daher in dieser Grammatik nicht behandelt.

Der Present Infinitive

Der present infinitive steht bezüglich von Vorgängen der Gegenwart und Zukunft.

- I saw her **come** into the house.
  (Ich sah sie ins Haus **kommen**.)

Der present infinitive active steht im Aktivsatz, d. h. der Ausführende der Handlung wird genannt, aber auch im Passivsatz, d. h. der Ausführende der Handlung wird nicht genannt.

- Their mother allowed the boys **to play** in the garden.
  (Ihre Mutter erlaubte den Jungen im Garten **zu spielen**. („Ihre Mutter" ist die Ausführende der Handlung.))
- She was seen **to read** a book.
  (Man sah sie ein Buch **lesen**. (Wer sie beim Lesen sah, wird nicht mitgeteilt.))

Der present infinitive passive steht bei passivem Sinn, d. h. der Ausführende der Handlung wird nicht genannt.
Die passive Form des Infinitivs wird in der Regel mit **to** angeschlossen.

- He ordered the job **to be done**.
  (Er ordnete an, die Arbeit **zu erledigen**. (Wer die Arbeit erledigt, wird nicht mitgeteilt.))

Der Perfect Infinitive

Der perfect infinitive steht bezüglich von Vorgängen der Vergangenheit.

- He was supposed **to have done** this work last week.
  (Es wurde erwartet, daß er diese Arbeit letzte Woche **erledigt hatte**.)

Der perfect infinitive active steht im Aktivsatz, d. h. der Ausführende der Handlung wird genannt, aber auch im Passivsatz, d. h. der Ausführende der Handlung wird nicht genannt.

- I was happy **to have bought** a new boat.
  (Ich war glücklich, das neue Boot **gekauft zu haben**. („Ich" ist der Ausführende der Handlung.))
- It was nice **to have** finally **met** Elizabeth.
  (Es war nett, Elizabeth doch noch **getroffen zu haben**. (Wer Elizabeth getroffen hat, wird nicht mitgeteilt.))

Der perfect infinitive passive steht bei passivem Sinn, d. h. der Ausführende der Handlung wird nicht genannt.
Die passive Form des Infinitivs wird in der Regel mit **to** angeschlossen.

- It is nice **to have been chosen** for this honour.
(Es ist nett, für diese Ehre **ausgewählt worden zu sein.** (Wer der Auswählende ist, wird nicht mitgeteilt.))

Die obigen Ausführungen stellen die Formen des Infinitivs vor. Die nachfolgenden Ausführungen behandeln die Verwendung des Infinitivs als solchen.
Der Infinitiv steht als reiner Infinitiv (ohne Präposition) oder mit der Präposition **to** nach bestimmten Verben, Substantiven oder Adjektiven, und er ist ein wichtiges Stilmittel zur Verkürzung von Nebensätzen.

Der Infinitiv nach bestimmten Verben

	Infinitiv + **to**	Infinitiv ohne **to**
Modalverben	Die Modalverben **ought** und **used** stehen mit dem Infinitiv + **to**. **Need** steht in der Funktion eines Vollverbs mit dem Infinitiv + **to**.	Außer **ought to** und **used to** schließen die Modalverben den Infinitiv ohne **to** an.
	• If you start now, you *ought* **to arrive** in time. • I *used* **to go** to school by bus. • He *needs* **to work** for the money.	• *Can* I **come** along? • As a young man, he *could* **dance** all night. • You *need* not **say** anything.
Transitive Verben	Nach vielen transitiven Verben. Die mit * versehenen Verben können auch mit dem gerund stehen. • **to agree** • **to offer** • **to begin** * • **to pretend** • **to continue** * • **to promise** • **to decide** • **to propose*** • **to hope** • **to refuse** • **to intend** * • **to start** * • **to learn** • **to try** * • **to mean**	
	• I *promise* you **to come** as soon as I can. • I'll *try* **to do** this work as soon as possible.	

	Infinitiv + **to**	Infinitiv ohne **to**
Verben des Veranlassens, Zulassens	Nach den folgenden Verben des Veranlassens, Zulassens, Befehlens, Bittens. Bezeichnen Subjekt und Objekt verschiedene Personen, Sachen (das Subjekt ist nicht selbst der Handelnde, sondern möchte, daß das Objekt etwas tut), so muß das Objekt separat genannt und dem Infinitiv + **to** vorangestellt werden. Im Deutschen steht hier häufig ein Nebensatz mit *daß.* • **to advise** • **to get** • **to allow** • **to order** • **to ask** • **to permit** • **to beg** • **to require** • **to cause** • **to tell** • **to command** • **to urge** • **to expect** • **to warn (not to)** • **to force**	
	• *Their mother allowed the boys* **to play** in the garden. • *He caused me* **to tell** him the truth.	
	Nach **to make** steht der aktive Infinitiv + **to,** auch wenn der Satz passiven Sinn hat.	Nach **to have, to let** und **to make** steht der Infinitiv ohne **to.** Nach **to let** steht der Infinitiv auch bei passivem Sinn ohne **to.**
	• He *was made* **to tell** the truth. (Er *wurde gezwungen* die Wahrheit **zu sagen**. (Wer ihn gezwungen hat, wird nicht mitgeteilt.) • She *was made* **to go** immediately.	• He *made* me **tell** the truth. (Er *zwang* mich die Wahrheit **zu sagen**.) • He *let* me **go**. (Er *ließ* mich **gehen**.) • They *were let* **go**. (*Man ließ* sie **gehen**.)
Verben der Sinneswahrnehmung	Nach den folgenden Verben der Sinneswahrnehmung steht der aktive Infinitiv + **to**, auch wenn der Satz passiven Sinn hat.	Nach den folgenden Verben der Sinneswahrnehmung steht der aktive Infinitiv ohne **to**, wenn der Satz aktiven Sinn hat.

	Infinitiv + **to**	Infinitiv ohne **to**
	• **to feel** • **to observe** • **to hear** • **to see** • **to notice** • **to watch**	Bezeichnen Subjekt und Objekt verschiedene Personen, Sachen, so muß das Objekt separat genannt und dem Infinitiv vorangestellt werden. • **to feel** • **to observe** • **to hear** • **to see** • **to notice** • **to watch**
	• She *was seen* **to read** a book. (*Man sah* sie ein Buch **lesen**.) • He *was heard* **to come**. (*Man hörte* ihn **kommen**.)	• *I saw her* **read** a book. (*Ich sah sie* ein Buch **lesen**.) • *I heard him* **come**. (*Ich hörte ihn* **kommen**.)
Verben des Seins, Scheinens	Nach den folgenden Verben des Seins oder Scheinens. • **to appear** • **to remain** • **to be** • **to seem**	
	• He *seems* **to tell** the truth. • A lot of things *remained* **to be done.** (Viele Dinge *blieben* **zu tun**.)	

	Infinitiv + **to**	Nebensatz mit **that**
Verben des Sagens und Denkens	Nach den folgenden Verben des Sagens und Denkens steht der Infinitiv **be** oder **have been** + **to,** wobei **be** weggelassen werden kann. Bezeichnen Subjekt und Objekt verschiedene Personen, Sachen, so muß das Objekt separat genannt und dem Infinitiv + **to** vorangestellt werden. Bezeichnen Subjekt und Objekt dieselbe Person, steht nicht das Personal-, sondern das Reflexivpronomen. • **to believe** • **to know** • **to consider** • **to prove** • **to declare** • **to recommend** • **to find** • **to suppose** • **to guess** • **to think** • **to imagine** • **to understand**	Nach den Verben des Sagens und Denkens steht ein Nebensatz mit **that** meist in der Umgangssprache. • **to believe** • **to know** • **to consider** • **to prove** • **to declare** • **to recommend** • **to find** • **to suppose** • **to guess** • **to think** • **to imagine** • **to understand**

	Infinitiv + **to**	Nebensatz mit **that**
	• *We believe him* **(to be)** an expert. (*Wir halten ihn* **für** einen Experten.) • *We believe him* **to have been** an expert. (*Wir hielten ihn* **für** einen Experten.) • *He declared himself* **to be** innocent. (*Er erklärte sich* **für** unschuldig.)	• We *believe* **that he didn't tell the truth.** • He *declared* **that he has never seen a thing like that.** • I *guess* **that I will never meet a person like him.**
		Nach den folgenden Verben des Sagens und Denkens steht vorzugsweise ein Nebensatz mit oder ohne **that** und nicht der Infinitiv. • **to answer** • **to say** • **to reply**
		• He *answered* **(that) he will soon arrive.** • She *said* **(that) she had seen him last week.**
Verben des (Nicht)Wünschens	Nach den folgenden Verben des (Nicht)Wünschens. Bezeichnen Subjekt und Objekt verschiedene Personen, Sachen, so muß das Objekt separat genannt und dem Infinitiv + **to** vorangestellt werden. Im Deutschen steht hier häufig ein Nebensatz mit *daß*. Die mit * gekennzeichneten Verben können auch mit dem gerund stehen. • **to desire** • **to prefer** * • **to hate*** • **to want** • **to like** * • **to wish** • **to love** *	Nach den folgenden Verben des (Nicht)Wünschens kann auch ein Nebensatz mit **that** stehen. Nach **to want** steht nie ein Nebensatz mit **that**, sondern immer ein Objekt. • **to desire** • **to love** • **to hate** • **to prefer** • **to like** • **to wish**
	• *Peter wants you* **to go** home. (*Peter möchte*, **daß** *du* nach Hause **gehst**.) • *I want the job* **to be done** at once. (*Ich* möchte, **daß** *die Arbeit* sofort **erledigt wird**.) • *I* should *prefer you* **to do** that. (*Ich hätte es lieber*, **daß** *du* es **machst**.)	• I *hate* **that you are always late.** • I *wish* **that you do your work precisely.** • I should *prefer* **that you do this work immediately.** • Should we go by bus? I *prefer* **that we take the train.**

	Infinitiv + **to**	
Absicht, Zweck	Der Infinitiv steht mit **to** zum Ausdruck der Absicht, des Zwecks. Dies kann durch **in order to, so as to** verstärkt werden.	• We finished our work as soon as possible *in order to/so as* **to leave** early.

Der Infinitiv nach Substantiven

Der Infinitiv + to nach unpersönlichen Ausdrücken + Substantiv

Nach unpersönlichen Ausdrücken aus **it/that** + **to be** + Substantiv steht der Infinitiv + **to** häufig mit einem vorangehenden Objekt + **for** oder **of**.

- *It is time for me* **to go**.
- *That would be an awful thing* **to do**.
  (*Dies* **zu tun** *wäre schrecklich.*)

Nach unpersönlichen Ausdrücken aus **there is/was** + Substantiv steht der aktive oder passive Infinitiv + **to.**

- *There was no time* **to lose**.
  (*Es war keine Zeit* **zu velieren**.)
- *There was no time* **to be lost**.
  (*Es war keine Zeit* **zu velieren**.)

Der Infinitiv + to als Subjekt

Als Subjekt steht der Infinitiv + **to** am Satzanfang, vor allem in bestimmten Redewendungen wie **to be quite frank, to be sure** etc. und nach **it is (of) no use.**

- **To solve** this problem would be difficult.
- **To be brief** I don't like him.
- *It is of no use* **to cry** over spilt milk.

Der Infinitiv nach Adjektiven

Nach Adjektiven, besonders nach **hard, easy, difficult, nice, pleasant** steht der present oder perfect infinitive.

- This text is *easy* **to learn.**
- It is *nice* **to have** finally **met** Elizabeth.

Der Infinitiv + to nach unpersönlichen Ausdrücken + Adjektiv

Nach unpersönlichen Ausdrücken aus **it/that** + **to be** + Adjektiv steht der Infinitiv + **to** häufig mit einem vorangehenden Objekt + **for** oder **of**.

- *It is advisable* **to tell** the truth.
- *It is kind of you* **to help** me.

Der Infinitiv + to nach too, enough + Adjektiv

Nach Konstruktionen wie **too** + Adjektiv/Adverb und Adjektiv + **enough** steht der Infinitiv + **to** häufig mit einem vorangehenden Objekt + **for** oder **of**, um einen schwerfälligen Nebensatz mit **that** zu vermeiden.

- The problem is *too difficult (for us)* **to solve.**
- He is *honest enough* **to tell** the truth.

Der Infinitiv anstelle von Nebensätzen

Der Infinitiv + to anstelle von Relativsätzen

Anstelle von Relativsätzen steht der Infinitiv + **to** nach Substantiven oder Pronomen. Präpositionen stehen vor allem in der Umgangssprache nach dem Infinitiv, in der Schriftsprache können sie dem Relativpronomen vorangestellt werden.

- Do you have a car **to take** me to the airport?
  (Do you have a car **with which you can take** me to the airport?)
- Do you have a book **to study** *with*?
- Do you have a book *with* which **to study?**

Anstelle von Relativsätzen steht der Infinitiv + **to** nach Zahlwörtern wie **the first, the last, the only thing** etc.

- Peter was *the last* **to reach** the station.
  (Peter was *the last* **who reached** the station.)

Anstelle von Relativsätzen steht der Infinitiv + **to** nach Superlativen.

- He was *the best* reader **to represent** our group.
  (He was *the best* reader **who could represent** our group.)

Der Infinitiv + to anstelle von indirekten Fragesätzen

Anstelle von indirekten Fragesätzen steht der Infinitiv + **to** unmittelbar nach dem Fragewort. Im Deutschen wird dies oft durch einen Nebensatz mit *können, sollen* oder *müssen* ausgedrückt.
Mit dem Verb eng verbundene Präpositionen bleiben erhalten.

- Peter asked me *what* **to do.**
  (Peter asked me *what* **he should do.**)
- Mary wondered *how* **to get** to school tomorrow.
  (Mary wondered *how* **she should get** to school tomorrow.)
- They didn't know *where* **to go** *to.*

Das Gerund (The Gerund)

Das gerund gehört zu den infiniten, nicht konjugierten Verbformen, die keine Personen- oder Zeitangabe beinhalten. Es wird durch Anhängen der Endung **-ing** an den Verbstamm gebildet und ist nicht zu verwechseln mit der continuous form des Verbs.
Eine entsprechende Verbform gibt es im Deutschen nicht, das gerund wird im Deutschen in der Regel mit dem Infinitiv + *zu* oder einem Nebensatz meist mit *daß* oder auch einem Substantiv wiedergegeben.

Das Present Gerund

Das present gerund steht bezüglich gegenwärtiger und zukünftiger aber auch vergangener Vorgänge.

- I *like* **reading** books.
  (Ich **lese** gerne Bücher.)
- I *enjoy* **going** to England on my holiday.
  (Ich *genieße* es, in meinem Urlaub nach England **zu fahren**.)
- He *was accused* of **deserting** the ship.
  (Er *wurde beschuldigt*, das Schiff **verlassen zu haben**.)

Das Perfect Gerund

Das perfect gerund steht bezüglich vergangener Vorgänge und nach **to deny**.
Bezüglich vergangener Vorgänge wird in der modernen Sprache immer mehr das present gerund bevorzugt.

- He *was accused* of **having deserted** the ship.
  (Er *wurde beschuldigt*, das Schiff **verlassen zu haben**.)
- He *was accused* of **deserting** the ship.
- He *denied* **having lied** to her again and again.

Sowohl das present gerund als auch das perfect gerund kann bei aktivem und bei passivem Sinn stehen

Present und perfect gerund active stehen im Aktivsatz, d. h. der Ausführende der Handlung wird genannt, aber auch im Passivsatz, d. h. der Ausführende der Handlung wird nicht genannt.

- I like **going** for a walk in the early morning.
  (Ich **gehe** gerne am frühen Morgen spazieren. („Ich" ist der Ausführende der Handlung.))
- The motor needs **oiling**.
  (Der Motor **muß geölt werden**. (Wer den Motor ölt, wird nicht mitgeteilt.))

Present und perfect gerund passive stehen im Passivsatz, d. h. der Ausführende der Handlung wird nicht genannt.

- The burglar entered the house without **having been seen**.
  (Der Einbrecher betrat das Haus, ohne **gesehen worden zu sein**. (Wer den Dieb hätte sehen können, wird nicht mitgeteilt.)

Das Subjekt des Gerunds

Bezeichnet das gerund eine andere Person als das Subjekt des Hauptsatzes, so muß dieses dem gerund als attributives Possessivpronomen, als Personalpronomen oder als Substantiv im possessive case vorangestellt werden. In der Umgangssprache steht statt des possessive case häufig nur der common case.

- *He* insisted on **doing** it himself.
  (*Er* bestand darauf, es selbst **zu machen**.)
- *He* insisted on *your* **doing** it yourself.
  (*Er* bestand darauf, **daß** *du* es selbst **machst**.)
- Do *you* mind *my* **smoking**.
  (Hast *du* etwas dagegen, **wenn** *ich* **rauche**.)
- Do *you* mind *me* **smoking**.
  (Hast *du* etwas dagegen, **wenn** *ich* **rauche**.)
- Do *you* mind *my sister's* **smoking**.
  (Hast *du* etwas dagegen, **wenn** *meine Schwester* **raucht**.)
- Do *you* mind *my sister* **smoking**.
  (Hast *du* etwas dagegen, **wenn** *meine Schwester* **raucht**.)

Die obigen Ausführungen stellen die Formen des gerunds dar. Die nachfolgenden Ausführungen behandeln die Verwendung des gerunds als solches.
Das gerund kann Substantiv sein, nach bestimmten Verben oder Adjektiven stehen, und es ist ein wichtiges Stilmittel zur Verkürzung von Nebensätzen.

Das Gerund als Substantiv

Das gerund kann als Substantiv mit dem Artikel stehen, den Plural bilden, durch Adjektive näher bestimmt werden, eine Beifügung + **of** bei sich haben, den possessive case oder zusammengesetzte Substantive bilden. Viele gerunds sind längst echte Substantive geworden.
In dieser Funktion wird das gerund auch Verbalsubstantiv genannt.

- *The* **beginning** is always difficult.
- My **feelings** on this case have remained unchanged.
- The Empire State Building is one of the *highest* **buildings** in the world.
- The **learning** *of languages* is great fun.
- Do you mind my *sister's* **smoking**.
- Have you seen my **walking-stick**?

Das Gerund nach Substantiven, die eng mit einer Präposition verbunden sind

Das gerund steht nach Substantiven, die eng mit einer Präposition verbunden sind.

- There is no *chance of* **escaping**.
- Mary takes great *interest in* **learning** languages.

- **chance of**
- **danger of**
- **difficulty in**
- **experience in**
- **for fear of**
- **habit of**
- **hope of**
- **intention of**
- **interest in**
- **necessity of**
- **objection to**
- **opportunity of**
- **pleasure in, of**
- **reason for**
- **way of**

Das gerund steht nach Ausdrücken wie **how about** und **what about** (wie wäre es, wie steht's mit).

- *How about* **going** for a walk?
- *What about* **spending** our holiday in the country this year?

Das Gerund als Subjekt

Es kann als Subjekt stehen, und zwar besonders nach Ausdrücken wie **it is no good, is is (of) no use, it is useless, is is (not) worthwhile** und **there is no.**

- **Learning** languages is great fun.
- **Reading** is my hobby.
- *It is no good* **complaining** about the same mistake again and again.

Das Gerund nach bestimmten Verben

Das Gerund nach to be

Das gerund steht nach **to be**, besonders nach **to be busy, to be like, to be near** und **to be worth**.

- My favourite occupation *is* **sitting** at the window and **observing** the birds.
- Peter and Mary *are busy* **preparing** their wedding next month.

Das Gerund nach transitiven Verben

Das gerund steht nach den folgenden transitiven Verben.
Die mit * bezeichneten Verben können auch mit dem Infinitiv stehen.

- How can I *prevent* you from **making** this mistake again?
- I *couldn't help* **calling** him a liar.
(Ich *konnte nicht umhin* ihn einen Lügner **zu nennen**.)

- **to avoid**
- **to begin***
- **to continue***
- **to delay**
- **to escape**
- **to excuse**
- **to finish**
- **to forgive**
- **to give up**
- **to go on**
- **cannot help**
- **to intend***
- **to keep on**
- **to miss**
- **to practise**
- **to prevent**
- **to propose***
- **to resist**
- **to risk**
- **to save**
- **to suggest**
- **to start***
- **to stop**

Das Gerund nach den Verben des persönlichen Empfindens

Nach den Verben des persönlichen Empfindens zum Ausdruck des Allgemeingültigen, Gewohnheitsmäßigen.
Die mit * bezeichneten Verben können zum Ausdruck eines besonderen Einzelfalles auch mit Infinitiv stehen.

- I *hated* **getting** up early in the morning.
- I always *liked* **reading** books before I fell asleep.
- I don't *mind* **living** in the country.
- I *prefer* **spending** my holidays at home rather than travelling abroad.

- to dislike
- to enjoy
- to fear*
- to feel like
- to hate*
- to like*
- to love*
- to mind
- to prefer*
- to regret
- cannot stand

Das Gerund nach den Verben des Erlaubens, Empfehlens

Nach den Verben des Erlaubens, Empfehlens wie **to advise, to allow, to permit** und **to recommend** steht das gerund vor allem, wenn die betreffende Person nicht erwähnt wird.

- I don't *allow* **smoking** in my room.
- We *recommend* not **taking** medicine together with alcohol.
- U.S. Customs does not *permit* **bringing** meat products into the country.

Das Gerund nach Verben, die eng mit einer Präposition verbunden sind

Das gerund steht nach den Verben, die eng mit einer Präposition verbunden sind.

- He was *accustomed to* **getting** up before 6 o'clock in the morning.

- to accuse of
- to be accustomed to
- to be against, for
- to be on the point of
- to believe in
- to care for
- to complain of
- to depend on
- to excuse for
- to give up
- to insist on
- to keep from
- to keep on
- to look forward to
- to object to
- to prevent from
- to rely on
- to speak about, of
- to succeed in
- to talk about, of
- to thank for
- to think of, about
- to be used to
- to worry about

Das Gerund nach Adjektiven

Das gerund steht nach Adjektiven, die eng mit einer Präposition verbunden sind.
Die mit * bezeichneten Adjektive können auch mit dem Infinitiv stehen.

- He is *afraid of* not **having passed** the exam.
- She is *capable of* **solving** the problem all by herself.

- accustomed to*
- afraid of
- angry at*
- far from
- fond of
- free from
- glad of, about*
- happy about
- interested in
- proud of*
- responsible for
- sad about
- tired of
- used to

Das Gerund anstelle von Nebensätzen

Das Gerund anstelle von temporalen Nebensätzen

Anstelle von temporalen Nebensätzen nach temporalen Konjunktionen, vor allem nach **after, before, on** und **since**.

- *After* **starting up** the computer, he saw the $-sign appear on the screen. (*After* **he started up** the computer, ...

Nach **after** kann das perfect gerund stehen, das present gerund wird immer mehr bevorzugt.

- *After* **having started up** the computer, he saw the $-sign appear on the screen. (**After he had started up** the computer, he saw the $-sign appear on the screen.)

Das Gerund anstelle von kausalen Nebensätzen

Anstelle von kausalen Nebensätzen nach kausalen Konjunktionen, vor allem nach **for, from, at**.

- He got a headache *from* **lying** too long in bed. (He got a headache **because he lay** too long in bed.)

Das Gerund anstelle von konzessiven Nebensätzen

Anstelle von konzessiven Nebensätzen nach konzessiven Konjunktionen, vor allem nach **apart from, despite, in spite of**.

- In spite of **working** day and night, he couldn't pay back his debts. (**Although he worked** day and night, ...)

Das Gerund anstelle von konditionalen Nebensätzen

Anstelle von konditionalen Nebensätzen nach konditionalen Konjunktionen, vor allem nach **in the event of.**

- *In the event of* not **passing** the exam, you will have to repeat the whole term. (**If you don't pass** the exam, ...)

Das Gerund anstelle von modalen Nebensätzen

Anstelle von modalen Nebensätzen nach modalen Konjunktionen, vor allem nach **by, without, with, in, instead of.**

- He passed the exam *without* **having learnt** anything. (**Although he hadn't learnt** anything, he passed the exam.)

Die Partizipien (The Participles)

Die Partizipien gehören zu den infiniten, nicht konjugierten Verbformen, die keine Personen- oder Zeitangabe beinhalten.

Das Present Participle

Das present participle dient zur Bildung der continuous form.
Es kann außerdem nach bestimmten Verben, in der Funktion eines Adjektivs und anstelle von Nebensätzen stehen.

- I *am* **writing**.
- He came **running** down the street.
- His behaviour was even more **surprising** than his remarks.
- While **doing** his homework, he heard the telephone ring.

Das Past Participle

Das past participle dient zur Bildung der zusammengesetzten Zeiten und des Passivs.
Es kann außerdem nach bestimmten Verben, in der Funktion eines Adjektivs und anstelle von Nebensätzen stehen.

- I *have* **read** a book.
- We *were* **invited** to his party.
- He lay **discouraged** on his bed and cried.
- If **done** at once, your homework will be finished before you want to go out.

Das Perfect Participle

Das perfect participle steht anstelle von Nebensätzen.

- **Having prepared** everything, he left the house for school.

Present und perfect participle können bei aktivem und passivem Sinn stehen. Vom past participle wird keine Passivform gebildet.

Present und perfect participle active stehen im Aktivsatz, d. h. der Ausführende der Handlung wird genannt.

- I saw them **whispering** to each other.
  (Ich sah sie miteinander **flüstern**. („Ich" ist der Ausführende der Handlung.))
- **Having prepared** everything, he left the house.
  (Nachdem er alles **vorbereitet hatte**, verließ er das Haus. („Er" ist der Ausführende der Handlung.))

Present und perfect participle passive stehen im Passivsatz, d. h. der Ausführende der Handlung wird nicht genannt.

- Her friend **being hurt**, she began to cry.
  (**Da** ihr Freund **verletzt war**, begann sie zu weinen. (Wer den Freund verletzt hat, wird nicht mitgeteilt.))
- **Having been bitten** twice, the postman refused to come into our house.
  (Da der Briefträger zweimal **gebissen worden war**, weigerte er sich in unser Haus zu kommen. (Wer den Briefträger gebissen hat, wird nicht mitgeteilt.))

Das Subjekt der Partizipien

Bezeichnet das Subjekt der Partizipien eine andere Person als das Subjekt des Hauptsatzes, so muß dieses dem Partizip vorangestellt werden.
Bezeichnet das Subjekt der Partizipien und das Subjekt des Hauptsatzes dieselbe Person, stehen die Partizipien alleine.

- *Her friend* **being hurt**, *she* began to cry.
  (**Da** *ihr Freund* **verletzt war**, begann *sie* zu weinen.)
- **Being hurt**, *she* began to cry.
  (**Da** *sie* **verletzt war**, begann *sie* zu weinen.)
- **Arriving** at the station, *she* saw that the train was gone.

nicht:

- **Arriving** at the station, *the train* was gone.

Die Partizipien nach bestimmten Verben

	Present Participle	Past Participle
Nach den Verben der Bewegung/ Ruhe	Nach den Verben der Bewegung und den folgenden Verben der Ruhe. • **to lie** • **to sit** • **to remain** • **to stand**	Nach den folgenden Verben der Ruhe. • **to lie** • **to sit** • **to remain** • **to stand**
	• He *came* **running** down the street. • He *sat* there **listening** to the noises coming from the other room.	• He *lay* **discouraged** on his bed and cried.
Verben der Sinneswahrnehmung	Nach den Verben der Sinneswahrnehmung, wenn sie im Aktiv- oder Passivsatz stehen. Das present participle drückt vor allem den Verlauf aus. Die Verben der Sinneswahrnehmung können auch mit dem infinitive zum Ausdruck des Zustands, des Ergebnisses stehen.	Nach den Verben der Sinneswahrnehmung, wenn sie im Aktiv- oder Passivsatz stehen.

	Present Participle	Past Participle
	• **to hear** • **to see** • **to notice** • **to find** • **to observe**	• **to hear** • **to see** • **to notice** • **to find** • **to observe**
	• I *saw* them **whispering** to each other. • He *was heard* **singing** softly to himself.	• He *found* the vase **smashed** to pieces. • The vase *was found* **smashed** to pieces.
Verben des Scheinens, Seins	Nach den folgenden Verben des Scheinens, Seins. Im Deutschen wird dies häufig durch das Partizip Präsens wiedergegeben. • **to appear** • **to look** • **to be** • **to seem** • **to feel** • **to sound** **To be** + present participle bilden die continuous form.	Nach den folgenden Verben des Scheinens, Seins. • **to appear** • **to look** • **to be** • **to seem** • **to feel** • **to sound** **To be** + past participle bilden das Passiv.
	• This *looks* very **discouraging**. (Das *sieht* sehr **entmutigend** *aus*.) • He *was* **reading** in his room.	• He *looked* **surprised.** • I *was* **invited** to his party.
Verben des Veranlassens	Nach den Verben des Veranlassens.	Nach den Verben des Veranlassens, besonders nach **to have** und **to get** ((veran)lassen). Bezeichnen Subjekt und Objekt nicht dieselbe Person, Sache (das Subjekt ist nicht selbst der Handelnde), so muß das Objekt separat genannt und dem past participle vorangestellt werden. Folgt das past participle unmittelbar auf **have,** wird eine zusammengesetzte Zeit gebildet.
	• I *sent* them **shopping** for groceries. • He *kept* me **waiting** for more than an hour. • We *have* a bottle of champagne **chilling** in the refrigerator.	• *I got my car* **repaired.** (*Ich habe mein Auto* **reparieren lassen**.) • *I had my hair* **cut**. (*Ich habe* mir *die Haare* **schneiden lassen**.) Beachte: • I *had* **cut** *my hair.* (Ich *hatte die Haare* **geschnitten**.)

Die Partizipien als Adjektiv

Present und past participle können in der Funktion eines Adjektivs stehen. Als solches können sie substantiviert und gesteigert werden und Adverbien bilden.

- London's **surrounding** country is beautiful.
- His behaviour was even more **surprising** than his remarks.
- His looks were **surprisingly** elegant.
- He is a highly **respected** citizen.

Die Partizipien anstelle von Nebensätzen

Die Partizipien anstelle von temporalen Nebensätzen

Anstelle von temporalen Nebensätzen stehen die Partizipien vor allem nach temporalen Konjunktionen wie **while, when**.
Das present participle steht zum Ausdruck, daß zwei Vorgänge gleichzeitig stattfinden.
Das perfect participle drückt aus, daß ein Vorgang vor einem anderen stattfindet.

- *While* **doing** his homework, he heard the telephone ring.
(**While he was doing** his homework...)
- *When* **finished**, this article will appear in 'The Times'.
- **Having prepared** everything, he left the house for school.

Die Partizipien anstelle von kausalen Nebensätzen

Anstelle von kausalen Nebensätzen stehen die Partizipien häufig auch ohne einleitende Konjunktion.

- *As* **having** an accident, he didn't arrive punctually.
(**As he had** an accident ...)
- **Prepared** for the worst, I was relieved when the plane landed safely.
- **Having had** experience with cars, he was able to help me.

Die Partizipien anstelle von konzessiven Nebensätzen

Anstelle von konzessiven Nebensätzen stehen die Partizipien vor allem nach konzessiven Konjunktionen wie **although, though.**

- *Though* **hoping** for a window seat, I was prepared to sit on the aisle.
(**Although I hoped** for a window seat ...)
- *Though* **seated** near the window, he could not see the road.

Die Partizipien anstelle von konditionalen Nebensätzen

Anstelle von konditionalen Nebensätzen stehen die Partizipien vor allem nach konditionalen Konjunktionen wie **if, unless.**

- *If* **travelling** to the tropics, one should get a malaria shot.
  (**If one is travelling** to the tropics, ...)
- *If* **done** at once, your homework will be finished before you want to go out.
- *If* **having** your car **repaired**, be sure to get an estimate.

Die Partizipien anstelle von modalen Nebensätzen

Anstelle von modalen Nebensätzen stehen die Partizipien vor allem nach Konjunktionen wie **with, without.**
Nach **with** wird dem Partizip das Objekt vorangestellt.

- *With* their hands **clapping,** they stood at the gate and cheered the musicians.
  (Sie standen **händeklatschend** am Tor und jubelten den Musikern zu.)
- They stood there *with* their eyes and mouths widely **opened.**
  (Sie standen *mit* weit **geöffneten** *Augen und Mündern* da.)

Die Partizipien anstelle von Relativsätzen

Present und past participle stehen anstelle von Relativsätzen, vor allem nach Substantiven, Pronomen, Zahlwörtern wie **the first, the last** etc. und nach Superlativen.

- The person **coming up** the street is my father.
  (The person **who is coming up...)**
- Rachel is *the only* person **visiting** me today.

Das deutsche *lassen*

Das deutsche Verb *lassen* kann im Englischen auf mehrerlei Art und Weise wiedergegeben werden, je nachdem ob es in der Bedeutung *zulassen* oder *veranlassen* verwendet wird.

Lassen im Sinne von *veranlassen*

To have, to get + past participle

Zum Ausdruck, daß jemand veranlaßt wird etwas zu tun, steht **to have** oder **to get** + Objekt + past participle.

- I **had** *my car* **repaired.**
- I **got** *my car* **repaired.**
  (Ich **ließ** *mein Auto* **reparieren.**)

Unterscheide:

- I **had repaired** *my car.*
  (Ich **hatte** *mein Auto* **repariert.**)

To make + infinitive

Zum Ausdruck, daß jemand veranlaßt, gezwungen wird etwas zu tun, steht **to make** + Objekt + Infinitiv ohne **to.** Im Passiv muß der Infinitiv mit **to** angeschlossen werden.

- The teacher **made** *the pupils* **learn** the text by heart.
  (Der Lehrer **ließ** *die Schüler* den Text auswendig **lernen.**)
- The pupils **were made to learn** the text by heart.
  (Die Schüler **wurden veranlaßt** den Text auswendig **zu lernen.**)

Lassen im Sinne von *zulassen*

To let + infinitive, to allow, to permit + infinitive + to

Zum Ausdruck, daß zugelassen, erlaubt wird, daß jemand etwas tut, steht **to let** + Objekt + Infinitiv ohne **to** oder **to allow, permit** + Objekt + Infinitiv + **to.**

- The teacher **let** *the pupils* **go** before the lesson was over.
  (Der Lehrer **ließ** *die Schüler* vor Unterrichtsende **gehen.**)
- The teacher **allowed** *the pupils* **to go** before the lesson was over.

To keep, leave + present, past participle

Zum Ausdruck, daß zugelassen wird, daß etwas geschieht, steht **to keep, to leave** + Objekt + present oder past participle.

- He **kept/left** *me* **waiting** for more than an hour.
  (Er **ließ** *mich* mehr als eine Stunde **warten.**)
- He **left** *nothing* **undone.**

Der Artikel (The Article)

Der Artikel (Geschlechtswort) ist der Begleiter des Substantivs und hat im Englischen für alle drei Geschlechter (männlich, weiblich und sächlich) im Singular (Einzahl) und Plural (Mehrzahl) dieselbe Form.

Der bestimmte Artikel (The Definite Article)

Der bestimmte Artikel bezeichnet ein oder mehrere bestimmte Substantive.

- **The** *man* I had seen yesterday was arrested.
- **The** *books* I had put on the table over there have been taken away.

Der unbestimmte Artikel (The Indefinite Article)

Der unbestimmte Artikel bezeichnet ein unbestimmtes, zählbares Substantiv.
Unbestimmte Substantive im Plural und nicht zählbare Substantive stehen ohne Artikel.

- Yesterday, I saw **a** *dog* roaming around in the park.
- It is not allowed for *priests* to get married.
- That's good *advice*.
  (Das ist **ein** guter *Rat*.)

Die Formen der Artikel (The Forms of the Articles)

	Numerus	Bestimmter Artikel	Unbestimmter Artikel
Vor Konsonant	Singular	**the**	**a** *)
	Plural	**the**	-
Vor Vokal, stummem -h und zur Hervorhebung	Singular	**the** [ði:]	**an**
	Plural	**the** [ði:]	-

*) Vor Vokal, der wie ein Konsonant gesprochen wird, wird **a**, nicht **an** verwendet (**a university [juniversiti]**).

Der bestimmte und unbestimmte Artikel (The Definite and the Indefinite Article)

	Bestimmter Artikel	Kein Artikel
Abstrakta, Gattungsnamen, Stoffnamen, Sammelnamen	Abstrakta, Gattungs-, Stoff- und Sammelnamen, die durch ein Substantiv + **of** näher bestimmt sind, im possessive case stehen oder durch ein Adjektiv oder einen Relativsatz näher bestimmt sind.	In allgemeiner Bedeutung verwendete Abstrakta, Gattungs-, Stoff- und Sammelnamen, auch wenn sie (durch ein Adjektiv) näher bestimmt sind.
	• **The** *writing* of novels is a very interesting occupation. • Can you introduce me to **the** *nice lady* over there? • **The** *gold* that was found in this *chest was false.* • **The** *society* of our time is often considered to be cruel.	• *Writing* is a way of expression. • *Cats* are very independent animals. • Italian *wines* are famous all over the world. • *Mankind* has profited by the discoveries of medical science.
	Ein oder mehrere Vertreter (Einzelwesen) aus einer Gattung.	Gattungsnamen im Plural bzw. bei **man** oder **woman**, wenn sie die ganze Gattung bezeichnen.
	• When **the** *cat* is away, **the** *mice* will play.	• *Dogs* must be kept on the lead. • *Man* cannot live by bread alone. (**Der** *Mensch* lebt nicht vom Brot allein.)
Eigennamen	Eigennamen, die durch ein Substantiv + **of**, ein Adjektiv oder einen Relativsatz näher bestimmt sind.	Eigennamen im Singular.
	• **The** City of *New York* is a melting pot. • **The** successful *Thomas Edison* died in 1931. • **The** *Thomas Edison,* who was the most successful inventor, died in 1931.	• *New York* is a melting pot. • *Thomas Edison* was the most successful inventor. • *Peter* is a very nice little boy.
Personennamen		Personennamen, auch wenn sie mit einem Adjektiv oder Verwandtschaftsbezeichnungen stehen oder die Mitglieder einer Familie bezeichnen.

Bestimmter Artikel	Kein Artikel
	• *Peter* and *Mary* are good friends. • Little *Rachel* was named after dear old Aunt *Rachel.* • *Father* and *Mother* have already gone.

Familiennamen

Bestimmter Artikel	Unbestimmter Artikel	Kein Artikel
Familiennamen, die eine bestimmte Person bezeichnen und Familiennamen, die im Plural stehen.	Familiennamen, die eine Person bezeichnen, die dem Sprecher unbekannt ist, vor allem in Verbindung mit **Mr, Mrs** und **Miss**.	Familiennamen generell.
• **The** *Mrs Smith* I met at the station. • **The** *Walkers* spent their holiday at the seaside.	• **A** *Mrs Smith* explained them the way. • I met **a** certain *Mr Jones* today.	• I met *Mrs Smith* at the station. • Do you already know *Mr* and *Mrs Olson?*

Titel

Bestimmter Artikel	Kein Artikel
Titel, auf die ein Substantiv + **of** folgt.	Titel + Eigenname, die nicht vor einem Substantiv + **of** stehen oder Titel, die nach den folgenden Ausdrücken und Verben stehen. • **to be** • **the office of** • **to become** • **the post of** • **to crown** • **the rank of** • **to elect** • **the title of** • **to make** • **to turn**
• **The** *Prince* of Wales is the successor to the throne.	• *Queen Elizabeth* arrived for an official visit in Germany. • Charles, son of Queen Elizabeth II, holds the title of *Prince of Wales.* • He was elected *President* of the United States.
Nichtenglische Titel stehen in der Regel mit dem bestimmten Artikel.	Englische Titel stehen in der Regel ohne Artikel.
• **The** *Emperor Napoleon I* was born in 1769.	• *Queen Elizabeth I* was born in 1533.

Berufs-, Standesbezeichnungen

Unbestimmter Artikel	Kein Artikel
Zum Ausdruck der Zugehörigkeit einer Person zu einer Berufsgruppe, besonders nach **to be** und **to become**. Die Verneinung hierzu lautet meist **not a** (kein, nicht). Im Deutschen steht hier kein Artikel.	Berufs- und Standesbezeichnungen, wenn sie in Verbindung mit einer Beifügung + **of** stehen.
• Her father is **a** *doctor.* (Ihr Vater ist *Arzt.)* • He is **a** *teacher,* not **a** *doctor.*	• He earned the title of *doctor.* • He earned the rank of *lieutenant.*

Nationalität, Rasse

Unbestimmter Artikel	
Zum Ausdruck der Zugehörigkeit einer Person zu einer Nationalität, Rasse, besonders nach den Verben **to be** und **to become**. Die Verneinung hierzu lautet meist **not a** (kein, nicht). Im Deutschen steht hier kein Artikel.	• Peter is **an** *Englishman* and Susanne is **a** *German.* (Peter ist *Engländer* und Susanne ist *Deutsche.*) • Mr Smith is **an** *American* and his friend Pierre is **a** *Frenchman.*

Politische und religiöse Begriffe

Unbestimmter Artikel	Kein Artikel
Zum Ausdruck der Zugehörigkeit einer Person zu einer religiösen Vereinigung oder Gruppierung, besonders nach **to be** und **to become.** Die Verneinung hierzu lautet meist **not a** (kein, nicht). Im Deutschen steht hier kein Artikel.	Politische und religiöse Begriffe, die etwas Einmaliges bezeichnen und daher als Eigenname angesehen werden. Zum Ausdruck der Zugehörigkeit einer Person zu einer religiösen Vereinigung oder Gruppierung können religiöse Begriffe auch ohne Artikel stehen.
• Martin Luther King was **a** *Protestant.* (Martin Luther King war *Protestant.)* • His wife is not **a** *Protestant,* but **a** *Catholic.*	• *Parliament* represents the two chambers House of Commons and House of Lords. (**Das** *(englische) Parlament* umfaßt die beiden Kammern Oberhaus und Unterhaus.) • His wife is *Catholic*, but he is *Protestant.*

	Bestimmter Artikel	Kein Artikel
Erdteile, Ländernamen, Inselnamen, Städtenamen	Länder- und Inselnamen, die durch eine Beifügung näher bestimmt sind, in Verbindung mit einem Substantiv + **of** oder im Plural stehen.	Die Namen der Erdteile, Länder- und Insel- und Städtenamen generell, auch wenn sie durch ein Adjektiv näher bestimmt sind.
	• **The** *Great Britain* described in his new novel is beautiful. • **The** *America* of Roosevelt's days was an up-coming nation. • **The** *Bahamas* are beautiful islands.	• They left *Europe* to find a new home in America. • Merry old *Britain* is such a beautiful country. • I spent my holidays in beautiful *Malta.* • I spent my holidays in beautiful *London.*
Berge	Die Namen der Berge nichtenglischsprachiger Länder stehen in der Regel mit dem bestimmten Artikel.	Die Namen der Berge englischsprachiger Länder stehen in der Regel ohne Artikel.
	• **the** *Alps* • **the** *Andes*	• *Ben Nevis* • *Snowdon*
	Die Namen der Berge, die durch eine Beifügung näher bestimmt sind, in Verbindung mit einem Substantiv + **of** stehen oder mit **of** an den Ausdruck **Mount** angeschlossen werden oder im Plural stehen (Bergketten, Gebirge).	Die Namen der Berge, die ohne **of** an den Ausdruck **Mount** angeschlossen werden.
	• **the** beautiful *Ben Nevis* • **the** *Mount of Olives* • **the** *Rocky Mountains*	• *Mount Everest* is the highest mountain in the world.
Meere, Seen, Flüsse	Die Namen der Meere und Seen, besonders wenn sie mit **of** an Ausdrücke wie **Cape, Bay, Harbour, Gulf, Sea, Strait, Lake, Loch** angeschlossen werden und die Namen von Flüssen generell.	Die Namen der Meere und Seen, die ohne **of** an Ausdrücke wie **Cape, Bay, Harbour, Gulf, Sea, Strait, Lake, Loch** angeschlossen werden.
	• **the** *Atlantic* • **the** *Lake of Geneva* • **the** *Thames*	• *Cape Horn* • *Hudson Bay* • *Lake Erie*

	Bestimmter Artikel	Kein Artikel
Himmelsrichtungen	Die Himmelsrichtungen stehen in der Regel mit dem bestimmten Artikel.	Himmelsrichtungen, die in den Ausdrücken **from north to south** und **from east to west** verwendet werden oder die als Adjektive oder Adverbien verwendet werden.
	• Russia lies in **the** *east*, America lies in **the** *west.* • The wind came from **the** *north-east.*	• They travelled through America from *east* to *west.* • We drove *north* to Scotland. • We had a strong *west* wind.
Straßen, Plätze	Straßennamen generell.	Straßen und die Namen von Plätzen, vor allem wenn Ausdrücke wie **Street**, **Road**, **Avenue**, **Square**, **Circus**, **Park**, **Gardens** oder **Station** folgen.
	• **The** *Champs-Elysées*	• *5th Avenue* • *Trafalgar Square*
Brücken	Die Namen von Brücken, vor allem wenn eine Beifügung + **of** folgt.	Die Namen von Brücken, wenn der Ausdruck **Bridge** folgt.
	• **the** *Tower of London*	• *Tower Bridge* • *Golden Gate Bridge*
Gebäude	Gebäudenamen, vor allem wenn sie mit einem Substantiv + **of** verbunden sind oder aus Adjektiv + Substantiv zusammengesetzt sind. Gebäudenamen wie **cathedral, office, cinema** und **theatre** stehen generell mit dem bestimmten Artikel.	Viele Gebäudenamen, besonders wenn sie nicht mit einem Substantiv + **of** verbunden oder aus Adjektiv + Substantiv zusammengesetzt sind.
	• **The** *Houses of Parliament* • He goes to **the** *office* every day.	• *Windsor Castle* • *Capitol Hill*
	Folgende Gebäudenamen, wenn sie nur das Gebäude, den Ort an sich bezeichnen. • **bed** (Bett) • **church** (Kirche) • **class** (Klassenzimmer) • **college** (College) • **court** (Gericht(sgebäude))	Folgende Gebäudenamen, wenn sie den Zweck, die Funktion des Gebäudes, Ortes bezeichnen. • **bed** (Bett-, Nachtruhe) • **church** (Gottesdienst) • **class** (Unterricht) • **college** (Studium) • **court** (Gerichtsverhandlung)

	Bestimmter Artikel	Kein Artikel
	• **hospital** (Krankenhaus) • **market** (Markt(platz)) • **prison** (Gefängnis) • **school** (Schule) • **university** (Universität) • **work** (Arbeitsplatz)	• **hospital** (Krankenlager) • **market** (Markt, Handel) • **prison** (Gefangenschaft) • **school** (Unterricht) • **university** (Studium) • **work** (Arbeit, Werk)
	• You will find the library in **the** *university.*	• Every Sunday he goes to *church* at 9 o'clock.
Jahreszeiten, Monatsnamen, Wochentage, Feiertage	Näher bestimmte Jahreszeiten, Monatsnamen, Wochentage, Feiertage. Bei den Jahreszeiten kann der bestimmte Artikel nach **in** stehen.	Jahreszeiten, Monatsnamen, Wochentage, Feiertage, die in allgemeiner Bedeutung verwendet werden. Bei den Jahreszeiten kann der Artikel nach **in** wegfallen.
	• That year **the** *summer* was hot. • They always go on holiday in **the** *winter.*	• I don't like *winter.* • They always go on holiday in *winter.*
Tageszeiten	Näher bestimmte Tageszeiten und die Tageszeiten, die mit einer Präposition, die einen Zeitraum bezeichnet (**in, during, through**), verbunden sind.	Tageszeiten, die in allgemeiner Bedeutung verwendet werden und Tageszeiten, die mit einer Präposition, die einen Zeitpunkt bezeichnet (**at, from - to** etc.), verbunden sind.
	• The baby was crying all through **the** *night.*	• I always work from *morning* to *night.*
Körperteile, Kleidungsstücke	Körperteile und Kleidungsstücke stehen generell mit dem bestimmten Artikel.	Bei Körperteilen und Kleidungsstükken steht statt des bestimmten Artikels häufig ein Possessivpronomen. Im Deutschen steht hier oft der bestimmte Artikel.
	• He took me by **the** *arm.* (Er nahm mich **am** *Arm.*) • He took me by **the** *collar.* (Er nahm mich **am** *Kragen.*)	• Raise your right *hand.* (Hebe **deine/die** rechte *Hand.*) • He took off his *coat.* (Er zog **seinen/den** *Mantel* aus.)

	Unbestimmter Artikel	Bestimmter Artikel	Kein Artikel
Zeiteinheiten	Zeiteinheiten stehen in der Regel mit dem unbestimmten Artikel, vor allem wenn die Zeit an sich gemeint ist.	Folgende Zeiteinheiten, besonders wenn die Art des Unterrichts etc. gemeint ist oder wenn sie näher bestimmt sind.	Folgende Zeiteinheiten, vor allem wenn die Unterrichtszeit etc. gemeint ist.

	Unbestimmter Artikel	Bestimmter Artikel	Kein Artikel
	Im Deutschen wird dies oft durch *je, pro* wiedergegeben.	• **business hours** • **dinner time** • **lesson** • **lunch-time** • **question time** • **school hours** • **tea time** • **term** • **working hours** • **last, next** **Last** und **next** stehen mit dem bestimmten Artikel, wenn von der Vergangenheit oder Zukunft gerechnet wird.	• **business hours** • **dinner time** • **lesson** • **lunch-time** • **question time** • **school hours** • **tea time** • **term** • **working hours** • **last, next** **Last** und **next** stehen ohne Artikel, wenn von der Gegenwart aus gerechnet wird.
	• My car runs 120 miles **an** *hour.* (Mein Auto fährt 120 Meilen **pro** *Stunde.)* • We all have to pay 500 pounds **a** *term.*	• **The** *lessons* of Professor Blackwell are very interesting. • One night he came home very late and **the** *next* day he overslept.	• You must attend every English *lesson.* • *Next* month I will be on holiday.
Maß-, Gewichts- und Mengeneinheiten	Folgende Maß-, Gewichts- und Mengeneinheiten. Im Deutschen wird dies oft durch *je, pro* wiedergegeben. • **a couple** • **a great deal of** • **a lot of** • **a dozen, half a dozen** • **a hundred, thousand** ... • **a square meter...**	Der bestimmte Artikel steht nach den folgenden Mengenangaben. • **both** • **half, double, twice**	Folgende Mengeneinheiten stehen ohne Artikel. • **both**
	• He spent 100 pounds **a** *square meter* for this real estate. (Er gab 100 Pfund **pro** *Quadratmeter* für dieses Grundstück aus.)	• *Both* **the** students passed the exam. • He spent *half* **the** money on this house.	• *Both* students passed the exam.

Unbestimmter Artikel	Bestimmter Artikel	Kein Artikel
	All steht zur Bezeichnung von *allen* aus einer bestimmten Anzahl mit dem bestimmten Artikel.	**All** bzw. **most** steht zur Bezeichnung von *allen* bzw. *die meisten, fast alle* generell ohne Artikel.
	• *All* **the** sheets on the table have to be distributed among the pupils.	• *All* sheets have to be distributed among the pupils. • *Most* houses in this town are sold.
Few, little haben mit dem unbestimmten Artikel positiven Sinn (einige, ein paar, ein bißchen).	In Verbindung mit dem bestimmten Artikel hat **few** meist negativen Sinn (die wenigen).	**Few, little** haben ohne Artikel meist negativen Sinn (wenig, wenige).
• He bought **a** *few* books. • He spent **a** *little* time with her.	• **The** *few* who came to his party were in a very bad mood.	• *Few* students passed the exam. • We had *little* time for amusement.
Part of kann, wenn es mit einem Adjektiv verbunden ist, mit dem unbestimmten Artikel stehen.		**Part of** und **plenty of** stehen zur Bezeichnung einer unbestimmten Größe ohne Artikel.
• We spent **a** good *part of* our time reading.		• Fran was in Ireland *part of* last year. • He has always *plenty of* time.

Adjektive

Bestimmter Artikel	
Substantivierte Adjektive zur Bezeichnung einer bestimmten Gruppe von Personen oder Dingen.	• There is no peace for any but **the** *dead.* • **The** *rich* always get richer.
Vor Superlativen und dem Adverb **only**.	• Mr Smith is **the** *richest* man in our town. • He is **the** *only* person to solve this problem.

Die Stellung des Artikels (The Position of the Article)

Sowohl der bestimmte als auch der unbestimmte Artikel steht meist unmittelbar vor dem Substantiv, das er begleitet.
In den folgenden Fällen werden der bestimmte und unbestimmte Artikel nachgestellt.

Die Stellung des bestimmten Artikels

All, both, double, twice, half, treble (BE), triple (AE)

Der bestimmte Artikel wird **all, both, double, twice, half, treble** (BE) und **triple** (AE) nachgestellt. Bei **both** kann der bestimmte Artikel weggelassen werden.

- He told me only *half* **the** truth.
  (Er sagte mir nur **die** *halbe* Wahrheit.)
- *All* **the** children were playing in the garden.
- *Both* **(the)** children were crying.

Die Stellung des unbestimmten Artikels

Half, quite, rather, such, many

Der unbestimmte Artikel wird **half, quite, rather, such** und **many** nachgestellt.

- Can you give me *half* **a** pound?
  (Kannst du mir **ein** *halbes* Pfund geben?)

Adjektive + as, so, too, how, however

Der unbestimmte Artikel wird einem Adjektiv, das mit **as, so, too, how** und **however** eng verbunden und damit besonders betont ist, nachgestellt.

- This is *as good* **a** book as I have ever read.
  (Nie zuvor habe ich **ein** *so gutes* Buch gelesen.)
- This was *too difficult* **a** problem for us.

What

Der unbestimmte Artikel wird **what** im Ausruf nachgestellt.

- *What* **a** pity!
- *What* **an** elegant suit you are wearing!

Die Wiederholung des Artikels (The Repetition of the Article)

In Aufzählungen zusammengehörender Personen oder Sachen braucht der Artikel nicht wiederholt zu werden. In den folgenden Fällen ist die Wiederholung des Artikels jedoch erforderlich.

Hervorhebung einzelner Personen oder Sachen

Zur Hervorhebung oder Gegenüberstellung einzelner Personen oder Sachen wird der Artikel wiederholt.

- It was not only **the** *woman* but also **the** *man* who complained about it.
- It was **the** *brothers of Peter* and **the** *brothers of John* who had a fight.

Mehrere Adjektive vor einem Substantiv

Der Artikel wird wiederholt vor mehreren Adjektiven unterschiedlicher bzw. gegensätzlicher Bedeutung, die vor einem Substantiv im Singular stehen.

- The economic differences between **the** *industrial* and **the** *developing world* are enormous.

Der Artikel wird nicht wiederholt, wenn mehrere Adjektive unterschiedlicher bzw. gegensätzlicher Bedeutung vor einem Substantiv im Plural stehen.

- The economic differences between *industrial* and *developing countries* are enormous.

Das Substantiv (The Noun)

Substantive (Hauptwörter, Dingwörter, Nennwörter, Nomen) bezeichnen Lebewesen, Pflanzen, Gegenstände oder sonstige Begriffe und können mit dem Artikel verbunden werden.

Nach inhaltlichen Gesichtspunkten unterscheidet man folgende Gruppen von Substantiven.

Konkreta (Concrete Nouns)

Konkreta (Gegenstandswörter) bezeichnen Gegenstände.

- **book**
- **table**

Eigennamen (Proper Nouns)

Eigennamen bezeichnen Lebewesen und Dinge, die einmalig sind.

- **Great Britain**
- **London**

Gattungsnamen (Common Nouns)

Gattungsnamen (Appellativa) bezeichnen eine Gattung von Lebewesen oder Dingen und zugleich jedes einzelne Lebewesen oder Ding dieser Gattung.

- **man**
- **woman**
- **child**
- **dog**

Sammelnamen (Collective Nouns)

Sammelnamen (Kollektiva) bezeichnen eine Gruppe gleichartiger Lebewesen oder Dinge.

- **team**
- **group**

Stoffnamen (Substantial Nouns)

Stoffnamen sind Masse- und Materialbezeichnungen.

- **water**
- **gold**

Abstrakta (Abstract Nouns)

Abstrakta (Begriffswörter) bezeichnen das Nichtgegenständliche, d. h. Dinge, die man nicht berühren kann.

- **love**
- **beauty**
- **courage**

Nach formalen Gesichtspunkten unterscheidet man folgende Gruppen von Substantiven.

Ursubstantive (Original Nouns)

Ursprüngliche, nicht durch ein Suffix oder Präfix abgewandelte Substantive.

- **water**
- **book**

Abgewandelte Substantive (Modified Nouns)

Substantive, die durch ein Suffix oder Präfix abgewandelt sind.

- **production - reproduction**
- **way - subway**

Abgeleitete Substantive (Derivative Nouns)

Von einer anderen Wortart (z. B. Verb, Adjektiv) abgeleitete Substantive.

- **happy - happiness**
- **busy - business**

Zusammengesetzte Substantive (Compound Nouns)

Aus verschiedenen Wortarten zusammengesetzte Substantive (z. B. Substantiv + Substantiv, Substantiv + Verb etc.).

- **apple-tree**
- **father-in-law**
- **looker-on**

Das Geschlecht des Substantivs (The Gender of Nouns)

Im Gegensatz zum Deutschen ist es im Englischen nicht am Artikel zu erkennen, ob das Geschlecht (Genus) eines Substantivs männlich (maskulin), weiblich (feminin) oder sächlich (neutrum) ist. Welches Geschlecht ein Substantiv hat, ist nur noch zu erkennen, wenn es durch ein Personal- oder Possessivpronomen (**he, she, it** etc.) ersetzt wird.

Bei Personen und Tieren entspricht das grammatische Geschlecht meist dem natürlichen Geschlecht. Ist das natürliche Geschlecht unbekannt oder bezeichnet das Substantiv, kein Lebewesen, wird meist ein sächliches Pronomen (**it** etc.) verwendet.

	Männliches Geschlecht	Weibliches Geschlecht
Unterschiedliche Bezeichnung für männliches und weibliches Geschlecht	Einige männliche Substantive haben für das weibliche Substantiv eine besondere Bezeichnung.	Einige weibliche Substantive haben für das männliche Substantiv eine besondere Bezeichnung. Einige weibliche Substantive hängen an das männliche Substantiv die Endung **-ess** oder **-ine** an.
	• **boy** (Junge)	• **girl** (Mädchen)
	• **brother** (Bruder)	• **sister** (Schwester)
	• **duke** (Herzog)	• **duchess** (Herzogin)
	• **father** (Vater)	• **mother** (Mutter)
	• **hero** (Held)	• **heroine** (Heldin)
	• **husband** (Ehemann)	• **wife** (Ehefrau)
	• **king** (König)	• **queen** (Königin)
	• **man** (Mann)	• **woman** (Frau)
	• **master** (Herr, Gebieter)	• **mistress** (Herrin, Gebieterin)
	• **nephew** (Neffe)	• **niece** (Nichte)
	• **prince** (Prinz)	• **princess** (Prinzessin)
	• **son** (Sohn)	• **daughter** (Tochter)
	• **uncle** (Onkel)	• **aunt** (Tante)
	• *Peter* is a very nice **boy**. *He* always helps me with the dishes.	• *Mary* is a very nice **girl**. *She* always helps me with the dishes.
Gleiche Bezeichnung für männliches und weibliches Geschlecht	Männliches und weibliches Geschlecht werden in einigen Fällen mit demselben Substantiv bezeichnet. Welches Geschlecht das Substantiv hat, geht meist aus dem Zusammenhang hervor. Um Mißverständnisse zu vermeiden, können **boy, man, gentleman, male** zur Kennzeichnung des männlichen Geschlechts verwendet werden.	Männliches und weibliches Geschlecht werden in einigen Fällen mit demselben Substantiv bezeichnet. Welches Geschlecht das Substantiv hat, geht meist aus dem Zusammenhang hervor. Um Mißverständnisse zu vermeiden, können **girl, woman, lady, female** zur Kennzeichnung des weiblichen Geschlechts verwendet werden.

Männliches Geschlecht		Weibliches Geschlecht	
• **clerk**	((Büro)Angestellter)	• **clerk**	((Büro)Angestellte)
• **companion**	(Begleiter)	• **companion**	(Begleiterin)
• **cook**	(Koch)	• **cook**	(Köchin)
• **cousin**	(Vetter)	• **cousin**	(Base)
• **customer**	(Kunde)	• **customer**	(Kundin)
• **doctor**	(Arzt)	• **doctor**	(Ärztin)
• **driver**	(Fahrer)	• **driver**	(Fahrerin)
• **friend**	(Freund)	• **friend**	(Freundin)
• **officer**	(Beamter)	• **officer**	(Beamtin)
• **pupil**	(Schüler)	• **pupil**	(Schülerin)
• **servant**	(Diener)	• **servant**	(Dienerin)
• **singer**	(Sänger)	• **singer**	(Sängerin)
• Peter attended the same school as *his* **cousin** *John.*		• Mary attended the same school as *her* **cousin** *Pamela.*	
• Mary has a nice **boy-friend**.		• John has a nice **girl-friend**.	

	Männliches Geschlecht	Weibliches Geschlecht	Sächliches Geschlecht
Tiernamen	Ist das natürliche Geschlecht eines Tieres männlich, so ist sein grammatisches Geschlecht auch männlich. Gelegentlich werden große Tiere auch als männliche Lebewesen angesehen und haben somit männliches Geschlecht. Viele Tiernamen stehen für männliches und weibliches Geschlecht. Um Mißverstandnisse zu vermeiden, kann dem männlichen Tiernamen **male, he** bzw. **cock** (bei Vögeln) vorangestellt werden.	Ist das natürliche Geschlecht eines Tieres weiblich, so ist sein grammatisches Geschlecht auch weiblich. Gelegentlich werden kleine Tiere auch als weibliche Lebewesen angesehen und haben somit weibliches Geschlecht. Viele Tiernamen stehen für männliches und weibliches Geschlecht. Um Mißverständnisse zu vermeiden, kann dem weiblichen Tiernamen **female, she** bzw. **hen** (bei Vögeln) vorangestellt werden.	Ist das natürliche Geschlecht eines Tieres unbekannt, so ist es sächlich.

Männliches Geschlecht	Weibliches Geschlecht	Sächliches Geschlecht
• Last night, a big **bear** went straight through our camp. *He* ate up our provisions. • What's the sex of your dog? Is it a **he-dog/male dog**?	• My **cat** is a rather independent animal. *She* likes roaming around for days. • What's the sex of your dog? Is it a **she-dog/female dog**?	• I cannot ride this **horse**. *It* is ill. • What a cute **penguin**! Look how *it* can swim under water.

Männliches Geschlecht	Weibliches Geschlecht
Einige männliche Tiernamen haben andere weibliche Tiernamen. • **bull** (Bulle, Stier) • **cock** (Hahn) • **ox** (Ochse)	Einige weibliche Tiernamen haben andere männliche Tiernamen. • **cow** (Kuh) • **hen** (Henne) • **cow** (Kuh)
• My aunt Mary has a **cock** and ten hens.	• My aunt Mary has a cock and ten **hens**.

	Weibliches Geschlecht	Sächliches Geschlecht
Länder-, Städtenamen	Länder- und Städtenamen können, wenn sie nicht in rein geographischer Bedeutung stehen, auch weibliches Geschlecht haben.	Länder- und Städtenamen sind, besonders wenn sie in rein geographischer Bedeutung verwendet werden, sächlich.
	• Many countries took **Great Britain** and *her* parliamentary system as an example. • **London** is a modern city. *She* has one of the most important banking centers in the world.	• **Scotland** is part of Great Britain. *It* lies in the north of England. • **London** is the capital of Great Britain. *It* has more than 7 million inhabitants.
Verkehrsmittel und Maschinen	Die Namen von Autos, Flugzeugen, Lokomotiven, Maschinen und besonders von Schiffen können auch weibliches Geschlecht haben.	Die Namen von Autos, Flugzeugen, Schiffen, Lokomotiven und Maschinen sind in der Regel sächlich.
	• The ship **Britannia** is used by the royal family. *She* is, however, very controversial because *she* costs a lot of money.	• Can you see the **Airbus** over there? *It* is one of the most important planes in the world.

Der Numerus des Substantivs (The Number of Nouns)

Der Numerus (Zahl) bezeichnet den Singular (Einzahl) oder Plural (Mehrzahl).
Die meisten Substantive erhalten im Plural ein **-s**.
Zusammengesetzte Substantive erhalten das Plural-s am Grundwort (meist ein Substantiv). Ist kein Substantiv vorhanden, wird das Plural-s am Ende der Zusammensetzung angehängt.
Die folgenden Substantive haben besondere Pluralformen.

Singular	Plural	Singular	Plural
-ch, **-sh,** **-ss**	**-ches,** **-shes,** **-sses**	Endung einiger Substantive im Singular.	Pluralformen der im Singular auf **-ch, -sh** und **-ss** endenden Substantive. Das **-e** in der Endung **-ches, -shes, -sses** wird ausgesprochen [i].
		• **inch** • **ash** • **class**	• **inches** [intʃiz] • **ashes** [æʃiz] • **classes** [kla:siz]
-f(e)	**-ves**	Endung einiger Substantive germanischer Herkunft im Singular.	Pluralform der im Singular auf **-f(e)** endenden Substantive germanischer Herkunft.
		• **knife** • **wife**	• **knives** • **wives**
-f(e)	**-f(e)s**	Endung einiger Substantive romanischer Herkunft im Singular.	Pluralform der im Singular auf **-f(e)** endenden Substantive romanischer Herkunft. Das **-f** bleibt auch in **-oofs** erhalten.
		• **handkerchief** • **safe** • **roof**	• **handkerchiefs** • **safes** • **roofs**
-o	**-oes**	Endung einiger Substantive im Singular.	Pluralform der im Singular auf **-o** endenden Substantive, wenn dem **-o** ein Konsonant vorausgeht.
		• **potato** • **tomato**	• **potatoes** • **tomatoes**
-o	**-os**	Endung einiger Substantive im Singular.	Pluralform der im Singular auf **-o** endenden Substantive, die als Fremdwörter gelten.

Singular	Plural	Singular	Plural
		• **photo** • **piano**	• **photos** • **pianos**
-x	**-xes**	Endung einiger Substantive im Singular.	Pluralformen der im Singular auf **-x** endenden Substantive. Das **-e** in der Endung **-xes** wird ausgesprochen [i].
		• **ax** • **box**	• **axes** [æksiz] • **boxes**
-y	**-ies**	Endung einiger Substantive im Singular.	Pluralform der im Singular auf **-y** endenden Substantive, wenn dem **-y** ein Konsonant vorausgeht.
		• **baby** • **family**	• **babies** • **families**
-y	**-ys**	Endung einiger Substantive im Singular.	Pluralform der im Singular auf **-y** endenden Substantive, wenn dem **-y** ein Vokal vorausgeht.
		• **boy** • **day**	• **boys** • **days**
-a-	**-e-**	Einige Substantive germanischer Herkunft haben besondere Pluralformen.	Substantive germanischer Herkunft wandeln das **-a-** im Plural in **-e-** um.
		• **man** • **woman** [wum ə n]	• **men** • **women** [wimin]
-oo-	**-ee-**	Einige Substantive germanischer Herkunft haben besondere Pluralformen.	Substantive germanischer Herkunft wandeln **-oo-** im Plural in **-ee-** um.
		• **foot** • **tooth**	• **feet** • **teeth**
-ous-	**-ic-**	Einige Substantive germanischer Herkunft haben besondere Pluralformen.	Substantive germanischer Herkunft wandeln **-ous** im Plural in **-ic-** um.
		• **louse** • **mouse**	• **lice** • **mice**

Neben den oben aufgeführten allgemeinen Regeln, sind bezüglich des Plurals folgende Besonderheiten zu beachten.

	Singular	Plural
Substantive, die nur im Singular/ Plural vorkommen	Stoffnamen bezeichnen in der Regel etwas Nichtzählbares und werden daher nur im Singular verwendet.	Einige Stoffnamen können zur Bezeichnung von Einzelstücken, verschiedenen Sorten etc. im Plural verwendet werden.
	• Her **hair** is beautiful. (Ihr (Kopf)**Haar** ist schön.) • Waiter, will you please remove this **hair** from my plate.	• He has absolutely no **hairs** on his head. (Er hat absolut keine **Haare** auf dem Kopf.)
	Folgende Substantive kommen nur im Singular vor und stehen folglich auch mit einem Verb im Singular. Sie können nicht mit dem unbestimmten Artikel oder einem Zahlwort stehen. Um deutlich zu machen, daß es sich um einzelne Dinge handelt, können diese Substantive mit **a, (two, three) ... piece(s) of** verbunden werden. • **advice** (Rat, Ratschläge) • **business** (Geschäft(e)) • **equipment** (Ausrüstung(en)) • **evidence** (Beweis(e)) • **food** (Lebensmittel) • **furniture** (Möbel(stücke)) • **homework** (Hausaufgabe(n)) • **information** (Information(en)) • **knowledge** (Kenntnis(se)) • **news** (Nachricht(en)) • **progress** (Fortschritt(e)) • **strength** (Kraft, Kräfte)	Folgende Substantive kommen nur im Plural vor und stehen folglich auch mit einem Verb im Plural. • **arms** (Waffe(n)) • **ashes** (Asche (im Ofen)) • **clothes** (Kleidung) • **contents** (Inhalt) • **earnings** (Verdienst) • **goods** (Ware(n)) • **the Middle Ages** (Mittelalter) • **outskirts** (Rand(gebiet)) • **stairs** (Treppe) • **surroundings** (Umgebung) • **thanks** (Dank)
	• He fainted when he heard this terrible *(piece of)* **news.** • He gave me *three pieces of* **information**: the time of departure, the time of arrival and the meeting place. (Er gab mir *drei* **Informationen** ...)	• My **earnings** *are* $ 1,000 a week. • We have a house on the **outskirts** of Chicago. • He expressed his **thanks** for the wonderful hospitality.

	Singular	Plural
		Einige Substantive, vor allem solche, die Werkzeuge und Kleidungsstücke bezeichnen, die aus zwei Teilen bestehen, kommen nur im Plural vor und stehen folglich auch mit einem Verb im Plural (meist im Gegensatz zum Deutschen). Um deutlich zu machen, daß es sich bei diesen Substantiven um einzelne Stücke handelt, können sie mit **some pairs of** oder **a (two, three ...) pair(s) of** verbunden werden. • **binoculars** (Fernglas) • **glasses** (Brille) • **jeans** (Jeanshose) • **lungs** (Lunge) • **pants** ((Unter)Hose) • **pyjamas** (Pyjama) • **scales** (Waage) • **scissors** (Schere) • **shorts** (kurze Hose) • **tights** (Strumpfhose) • **trousers** (lange Hose)
		• *These* **scissors** *are* not sharp enough. (*Diese* **Schere** *ist* nicht scharf genug.) • *This pair of* **scissors** *is* not sharp enough. (*Diese* **Schere** *ist* nicht scharf genug.) • *These pairs of* **scissors** *are* not sharp enough. (*Diese* **Scheren** *sind* nicht scharf genug.)
Substantive im Singular mit Plural-s/ Substantive im Plural ohne -s	Substantivierte Adjektive auf **-ch, -sh** zur Bezeichnung der Nationalität können nicht als Substantive im Singular verwendet werden. Sie haben für den Singular ein besonderes Wort. Die Substantive, die auf **-man** enden, hängen für die weibliche Bezeichnung **-woman** an.	Substantivierte Adjektive auf **-ch, -sh** und auf **-ss, -se** zur Bezeichnung der Nationalität erhalten im Plural kein Plural-s mehr. Die Substantive, die im Singular auf **-man** und **-woman** enden, können im Plural **-men** und **-women** anhängen.

Singular	Plural
• Peter is *a* **Dutchman**, but his father is *a* **Frenchman**. • Antje is *a* **Dutchwoman** and her father is *a* **Frenchman**.	• *The* **Dutch** *are* famous for their cheese. • This morning, I met *three* **Swiss**, *three* **Portuguese**, and *two* **Englishmen** at the station.
The United States und **The Netherlands** gelten als Substantive im Singular und stehen daher meist mit einem Verb im Singular.	
• **The United States** *is* a huge country. (**Die Vereinigten Staaten** *sind* ein riesiges Land.) • **The Netherlands** *is* the country of wind mills. (**Die Niederlande** *sind* das Land der Windmühlen.)	
Die Namen von Wissenschaften auf **-ics** und die Namen von Krankheiten sind Substantive im Singular und stehen folglich auch mit einem Verb im Singular.	Die Namen praktischer Tätigkeiten auf **-ics** (vor allem Sportarten) sind Substantive im Plural und stehen folglich auch mit einem Verb im Plural.
• **Mathematics** *is* an exact science. (*Die* **Mathematik** *ist* eine exakte Wissenschaft.) • **Measles** *is* not a serious illness. (**Masern** *sind* keine ernsthafte Krankheit.)	• **Athletics** *are* a very popular sport. (**Leichtathletik** *ist* ein sehr beliebter Sport.)
In der Bedeutung *Volk* kann **people** mit dem unbestimmten Artikel und einem Verb im Singular stehen. Zur Bezeichnung des Plurals (Völker) kann es ein -s erhalten und mit einem Verb im Plural stehen.	Die Substantive **cattle** (Vieh) und **people** (Leute) sind Substantive im Plural, auch wenn sie kein Plural-s erhalten.
• The Americans are said to be *a* rich **people**. (Man sagt, die Amerikaner seien *ein* reiches **Volk**.) • America is a country of many different **peoples**. (Amerika ist ein Land vieler verschiedener **Völker**.)	• He has about *one hundred* **cattle** to sell. (Er hat ungefähr *100 Stück* **Vieh** zu verkaufen.) • This morning, I met *two* strange **people** at the station. (Heute morgen traf ich *zwei* seltsame **Leute** am Bahnhof.)

Substantive mit gleicher Form im Singular und Plural

Singular	Plural
Die folgenden Sammelnamen gelten als Substantive im Singular und stehen folglich mit einem Verb im Singular, wenn sie eine Gruppe von Personen, Sachen bezeichnen.	Die folgenden Sammelnamen gelten als Substantive im Plural und stehen folglich mit einem Verb im Plural, wenn sie jede einzelne Person, Sache einer Gruppe bezeichnen.
• **army** • **government** • **audience** • **group** • **class** • **majority** • **company** • **parliament** • **couple** • **party** • **crew** • **police** • **crowd** • **public** • **enemy** • **staff** • **family** • **team**	• **army** • **government** • **audience** • **group** • **class** • **majority** • **company** • **parliament** • **couple** • **party** • **crew** • **police** • **crowd** • **public** • **enemy** • **staff** • **family** • **team**
• The **police** *has* caught the criminal in the very act. (*Die* **Polizei** *hat* den Verbrecher auf frischer Tat ertappt.)	• There *are many* **police** in the town due to the football game. (Es *ist viel* **Polizei** wegen des Fußballspiels in der Stadt.)
Einige Substantive, vor allem Tiernamen, haben im Singular und Plural dieselbe Form. Sie stehen mit einem Verb im Singular, wenn sie nur ein Tier, eine Sache bezeichnen.	Einige Substantive, vor allem Tiernamen, haben im Singular und Plural dieselbe Form. Diese Substantive erhalten, auch wenn sie im Plural verwendet werden, in der Regel kein -s. Sie stehen mit einem Verb im Plural, wenn sie mehrere Tiere, Sachen bezeichnen.
• **craft** (Fahrzeug) • **fish** (Fisch) • **sheep** (Schaf)	• **craft** (Fahrzeuge) • **fish** (Fische) • **sheep** (Schafe)
• Farmer O'Brian has *a* black **sheep** in his flock.	• Farmer O'Brian has two dogs and *ten* **sheep.**
Die folgenden Substantive haben auch im Singular ein Plural-s und stehen folglich auch mit einem Verb im Singular, wenn sie nur eine Sache bezeichnen.	Die folgenden Substantive haben im Singular und Plural dieselbe Form. Sie stehen mit einem Verb im Plural, wenn sie mehrere Sachen bezeichnen.
• **barracks** (Kaserne) • **headquarters** (Hauptquartier) • **means** (das Mittel) • **series** (Serie) • **species** (Art)	• **barracks** (Kasernen) • **headquarters** (Hauptquartiere) • **means** (die Mittel) • **series** (Serien) • **species** (Arten)

Singular	Plural
• *Is* there *a* **means** of solving the problem?	• There *are a lot of* **means** of solving the problem.

Substantive mit zwei Pluralformen

Singular		Plural	
		Einige Substantive haben zwei Pluralformen mit unterschiedlicher Bedeutung.	
• **cloth**	(Tuch; Kleidung)	• **clothes**	(Kleider)
		• **cloths**	(Tücher)
• **penny**	(Penny)	• **pennies**	(Pennymünzen)
		• **pence**	(= Wertangabe)
• This glass can be cleaned with *a* cotton **cloth**.		• These glasses can be cleaned with cotton **cloths**. • John has *a lot of* very expensive **clothes**.	

Pluralformen mit unterschiedlichen Bedeutungen

Singular		Plural		
		Einige Substantive haben eine Pluralform mit zwei verschiedenen Bedeutungen.		
• **custom**	(Sitte)	• **customs**	(Sitten)	(Zoll)
• **force**	(Kraft)	• **forces**	(Kräfte)	(Streitkräfte)
• **glass**	(Glas)	• **glasses**	(Gläser)	(Brille)
• **manner**	(Art)	• **manners**	(Arten)	(Benehmen)
• **mountain**	(Berg)	• **mountains**	(Berge)	(Gebirge)
• **quarter**	(ein Viertel)	• **quarters**	(Viertel)	(Quartier)
• **scale**	(Schale, Schuppe)	• **scales**	(Schalen)	(Waage)
• **trouble**	(Mühe)	• **troubles**	(Mühen)	(Sorgen)
• **work**	(Arbeit)	• **works**	(Werke)	(Fabrik(en))
• Mount Everest is the highest **mountain** in the world.		• Switzerland has *a lot of* high **mountains**. • John lives in the **mountains**.		

Substantive mit unregelmäßigen Pluralformen

Singular		Plural	
		Einige Substantive haben unregelmäßige Pluralformen. Dies sind meist Fremdwörter, die oft die Pluralform ihrer Herkunftssprache beibehalten.	
• **analysis**	(Analyse)	• **analyses**	(Analysen)
• **axis**	(Achse)	• **axes**	(Achsen)
• **basis**	(Basis)	• **bases**	(Basen)
• **child**	(Kind)	• **children**	(Kinder)
• **crisis**	(Krise)	• **crises**	(Krisen)
• **index**	(Inhaltsverzeichnis)	• **indices, indexes**	(Inhaltsverzeichnisse)
• **oasis**	(Oase)	• **oases**	(Oasen)

	Singular	Plural
	• **ox** (Ochse) • **parenthesis** (Klammer) • **phenomenon** (Phänomen) • **thesis** (These)	• **oxen** (Ochsen) • **parentheses** (Klammern) • **phenomena** (Phänomene) • **theses** (Thesen)
	• Our country is recovering very slowly from *this* economic **crisis**.	• Last year was a year of *many* political **crises**.
Maßangaben	Maßangaben stehen, wenn sie mit dem Zahlwort 1 verbunden sind, im Singular. Wird der Maßangabe ein Zahlwort mit Bindestrich vorangestellt, steht die Maßangabe im Singular. Folgt der Maßangabe ein geringerer Wert als der Wert vor der Maßangabe, kann die Maßangabe im Singular stehen. Die Maßangabe **foot** steht meist vor einem weiteren Zahlwort ohne zusätzliche Maßangabe.	Maßangaben stehen, wenn sie mit einem Zahlwort über 1 verbunden sind, im Plural. Folgt der Maßangabe ein geringerer Wert als der Wert vor der Maßangabe, kann die Maßangabe im Plural stehen. Die Maßangabe **feet** steht meist, wenn kein Zahlwort folgt.
	• He earns *one* **dollar** an hour. • He gave me a *five*-**pound** note. • He earns *five* **pound** *four* a week. • The height is five **foot** *three*.	• He earns *two* **dollars** an hour. • He earns *five* **pounds** *four* a week. • We climbed *2,000* **feet**. (Wir kletterten *2 000* **Fuß** hoch.)
Mengenangaben	Folgende Mengenangaben werden mit Substantiven im Singular verbunden und stehen folglich mit einem Verb im Singular. • **a certain amount of** • **a bit of** • **a good/great deal of** • **a lot of, lots of** • **part of** • **plenty of**	Folgende Mengenangaben können mit Substantiven im Plural verbunden werden. Sie verlangen dann auch ein Verb im Plural. • **a few (of)** • **a number of** • **a lot of, lots of** • **part of** • **plenty of**
	• **A good deal of time** *is* necessary. • **A lot of money** *was raised* for cancer research.	• **A number of students** *have* passed the exam. • **A lot of research grants** *were awarded*.

	Singular	Plural
	Die Mengenangaben **dozen, hundred, thousand** und **million** stehen im Singular, wenn sie mit einem Zahlwort oder **a few**, **several** verbunden sind.	Die Mengenangaben **dozen, hundred, thousand** und **million** stehen im Plural, wenn sie nicht mit einem Zahlwort oder wenn sie mit **many** verbunden sind.
	• *Five* **thousand** people lost their lives in the earthquake. • He lives *a few* **thousand** miles away.	• **Thousands** of people lost their lives in the earthquake. • *Many* **hundreds** of protesters assembled in the street. (*Viele* **hundert** Demonstranten versammelten sich auf der Straße.)
Körperteile, Kleidungsstücke	Körperteile und Kleidungsstücke, wenn sie sich auf eine Person beziehen.	Körperteile und Kleidungsstücke, wenn sie sich auf mehrere Personen beziehen. Diese stehen im Deutschen oft im Singular.
	• *The boy* had *his* **hand** in *his* **pocket.** (*Der Junge* hatte *die* **Hand** in *der* **Tasche**.)	• *The boys* had *their* **hands** in *their* **pockets**. (*Die Jungen* hatten *die* **Hand** in *der* **Tasche**.)

Common und Possessive Case

Das moderne Englisch kennt beim Substantiv nur zwei Fälle (Kasusformen), den common case (Subjekt-, Objektfall) und den possessive case (Besitzfall).

Der Common Case

Ein Substantiv steht im common case, wenn es Subjekt ist, also im Nominativ (wer-Fall) steht oder wenn es (direktes oder indirektes) Objekt ist. Seine Form ändert sich dabei nicht.

- **The boy** is playing in the garden.
- Peter gives **his sister** the book.
- Peter gives the book **to his sister**.

Der Possessive Case

Ein Substantiv steht im possessive case, wenn es Genitivobjekt ist. Der possessive case gibt den Besitzer, den Urheber einer Handlung an.
Der possessive case wird durch Anhängen von **'(s)** gebildet und zwar:

	Singular	Plural
Substantiv	**'s**	'
Substantiv auf -s	**'s** (oder ')	'

Bei Substantiven auf -s wird vorzugsweise ein **'s** angehängt.

- Yesterday, I met **Peter's** friend.
  (Gestern traf ich **Peters** Freund.)
- The children play in St. **James's** [dʒeimziz] **Park**.
- The children play in St. **James'** [dʒeimziz] **Park**.
- Yesterday, I met my **brothers'** friend.
  (Gestern traf ich den Freund **meiner Brüder.**)

<u>Beachte:</u>
- Yesterday, I met my **brothers.**
  (Gestern traf ich meine **Brüder.**)

In der Regel steht der possessive case vor dem näher zu bestimmenden Substantiv. Ist dieses mit dem unbestimmten Artikel, einem Zahlwort, einem Demonstrativ- oder Indefinitpronomen verbunden, so steht der possessive case + **of** (doppelter Genitiv) hinter dem näher zu bestimmenden Substantiv.

- Yesterday, I saw **Peter's** *mother* at the station.
- Yesterday, I saw *a friend of* **Peter's** at the station.
  (Gestern sah ich *einen Freund von* **Peter** am Bahnhof.)
- At the moment, I read *three books of* **Shakespeare's**.
- This morning, I met *this friend of* **Peter's**.
- I invited *some friends of* **Peter's**.

In bestimmten Fällen kann der possessive case neben dem Apostroph -s (s-Genitiv) auch durch eine Beifügung + **of** (of-Genitiv) ausgedrückt werden.

<table>
<tr><th></th><th>Possessive Case</th><th>Beifügung + of</th></tr>
<tr><td rowspan="2">Lebewesen/
Sachen</td><td>Zur Bezeichnung des Besitzers oder des Urhebers einer Handlung steht der possessive case bei Lebewesen sowie bei personifizierten Substantiven.</td><td>Besitzer oder Urheber einer Handlung werden mit of angeschlossen, wenn es sich nicht um ein Lebewesen, sondern um Sachen handelt.
Einzelwesen, die näher bestimmt sind oder Personen, die Gegenstand einer Handlung sind, werden mit of angeschlossen.</td></tr>
<tr><td>• Yesterday, I met Peter's friend.
• Great Britain's history is taught to all school children.</td><td>• The author of this book is very successful.
• This is the car of my sister Mary.</td></tr>
</table>

<table>
<tr><th></th><th>Common Case</th><th>Beifügung + of</th></tr>
<tr><td rowspan="4">Eigennamen</td><td>Eigennamen werden an die folgenden Substantive nie mit of angeschlossen.
• mount
• number
• river
• year
• word</td><td>Eigennamen werden an die folgenden Substantive (vor allem geographische Begriffe) stets mit of angeschlossen.
• city
• continent
• country
• dignity
• hour
• kind
• kingdom
• month
• name
• office
• post
• province
• rank
• sort
• state
• title
• town
• village</td></tr>
<tr><td>• Mount Everest is the highest mountain in the world.</td><td>• The City of New York is a melting pot.
(Die Stadt New York ist ein Schmelztiegel.)</td></tr>
<tr><td>Eigennamen zur Bezeichnung historischer Ereignisse stehen weder im possessive case, noch mit einer Beifügung + of.</td><td rowspan="2"></td></tr>
<tr><td>• the Gulf War
• the Watergate hearings</td></tr>
<tr><td rowspan="2">Sammelnamen</td><td rowspan="2"></td><td>Sammelnamen werden grundsätzlich mit of angeschlossen.</td></tr>
<tr><td>• The needs of this minority are being discussed in the meeting this afternoon.</td></tr>
</table>

	Possessive Case	Beifügung + **of**
Titel	Ordnungszahlen werden an den Herrschernamen im possessive case angeschlossen.	Titel werden immer mit **of** angeschlossen.
	• Elizabeth **the First's** reign lasted from 1588 to 1603.	• **The Duke of** Edinburgh is Queen Elizabeth's husband.
Substantivierte Adjektive		Substantivierte Adjektive werden grundsätzlich mit **of** angeschlossen.
		• She sacrificed herself for the needs **of the poor** and the ill.
Zeitangaben	Zur Bezeichnung des Zeitraums. Die Dauer von Kriegen wird immer nur mit dem possessive case bezeichnet.	Bezeichnungen des Zeitraums werden mit **of** angeschlossen oder durch ein zusammengesetztes Adjektiv ausgedrückt.
	• We waited for a two **hours' time.** • During the **Thirty Years' War,** many people lost their lives.	• We waited for a time **of two hours.** • A **five-hour** walk lay still in front of us.
Ortsangaben	Bei Ortsbestimmungen (mit **at** und **to**), wenn ein öffentliches Gebäude, ein Geschäft, ein Haus oder eine Wohnung zu bezeichnen ist. (Es wäre das Gebäude zu ergänzen.)	Ortsangaben zu geschichtlichen Ereignissen.
	• During our holiday in Great Britain, we also visited **St. Paul's** (Cathedral). • On your way to town, you have to go to your **sister's** (house).	• Napoleon was defeated in **the Battle of Waterloo** in 1815. • **The Treaty of Versailles** was signed on June the 28th, 1919.
	Zur Bezeichnung der Entfernung steht der possessive case nur in Verbindung mit dem Wort **distance**.	Bezeichnungen der Entfernung werden mit **of** angeschlossen oder mit zusammengesetzten Adjektiven ausgedrückt.
	• He observed them from a 20 **yards'** *distance.* • We were still a ten **miles'** *distance* from home.	• He observed them from a *distance* **of 20 yards.** • A **ten-mile** walk lay still in front of us.

Maß-, Mengenangaben

Possessive Case	Beifügung + **of**	Common Case
Die Begriffe **dollar, pound** und **money** können, wenn ihnen ein Possessivpronomen oder Zahlwort vorausgeht, im possessive case stehen, wenn ihnen der Begriff **worth** nachfolgt.	Nach Mengen- und unbestimmten Zahlenangaben (partitiver Genitiv). • **a cup of** • **a glass of** • **a great deal of** • **a group of** • **hundreds, thousands..of** • **a lot of** • **a number of** • **a large part of** • **a piece of**	Die Zahlwörter **hundred, thousand, million** und **dozen** werden ohne **of** angeschlossen, wenn eine Grundzahl vorausgeht.
• She sold *100,000* **pound's** *worth* of gold. • Nowadays it is not easy to get *your* **money's** *worth.*	• Every evening, I drink **a glass of milk.** (Ich trinke jeden Abend **ein Glas Milch.**) • **All of us** were surprised about this news.	• *Two* **million** people attended the museum this year. • I would like *three* **dozen** eggs, please.

Das Adjektiv (The Adjective)

Das Adjektiv (Eigenschaftswort, Wiewort) drückt eine Eigenschaft aus und bezieht sich im Satz auf ein oder mehrere Substantive. Es ist stets unveränderlich.

Das Adjektiv wird durch Voranstellen des bestimmten Artikels zum Substantiv. Es bezeichnet dann alle Personen einer bestimmten Gruppe oder bei Sachen ein Abstraktum.
Adjektive, die als Substantive gelten, können auch den Plural bilden.

- *The* **rich** always grow richer, and *the* **poor** always grow poorer.
- We had no other choice but hope for *the* **best**.
- Who do you think will win the election, *the* **Republicans** or *the* **Democrats**?

Attributive Adjektive (Attributive Adjectives)

Das attributive Adjektiv steht eng beim Substantiv.

- an **intelligent** *child*
- a **nice** *boy*

Prädikative Adjektive (Predicative Adjectives)

Das prädikative Adjektiv wird durch ein Verb (meist **to be**) mit dem Substantiv verbunden.

- This flower *is* **beautiful.**
- This book *is* **interesting.**

Die Steigerung des Adjektivs (The Comparison of the Adjective)

Das Englische kennt neben der Grundstufe die folgenden Steigerungsformen beim Adjektiv. Dabei unterscheidet man die germanische und romanische Steigerungsart.

Positiv (Positive)

Der Positiv ist die Grundstufe des Adjektivs. Er drückt aus, daß zwei oder mehr Wesen oder Dinge in bezug auf eine Eigenschaft gleich sind; gleicher Grad.
Zur Verstärkung des Positivs dient **very** (sehr).

- Mary and Peggy are **young**.
- These books are **interesting**.
- Peter is *very* **nice**.

Komparativ (Comparative)

Der Komparativ drückt aus, daß zwei Wesen oder Dinge in bezug auf eine Eigenschaft ungleich sind; ungleicher Grad.

Germanisch:	Adjektiv + **-er**
Romanisch:	**more** + Adjektiv

- Mary is **younger**.
- This boy is **more intelligent.**
  (Dieser Junge ist **intelligenter**.)

Der Komparativ wird durch **no** und **not any** verneint und durch **much** (viel) verstärkt.

- This problem is *no* **easier**/*not any* **easier** to solve than that one.
- Mary is *much* **younger**.

Die allmählich zunehmende Steigerung wird bei den germanisch gesteigerten Adjektiven durch Wiederholung des Komparativs und bei den romanisch gesteigerten Adjektiven durch **more and more** + Adjektiv ausgedrückt.

- Peter always gets **younger** *and* **younger.**
  (Peter wird *immer* **jünger**.)
- The problem grew **more** *and* **more difficult.**
  (Das Problem wurde *immer* **schwieriger**.)

Superlativ (Superlative)

Der Superlativ drückt aus, daß von mindestens drei Wesen oder Dingen einem der höchste Grad einer Eigenschaft zukommt; höchster Grad.

Germanisch:	**(the)** Adjektiv + **-est**
Romanisch:	**(the) most** + Adjektiv

- Mary is **the youngest** girl of all my classmates.
- These books are **the most interesting** books I have ever read.

Art/ Stufe	Positiv	Komparativ	Superlativ	Allmähliche Steigerung
Germanisch	Adjektiv	Adjektiv + **-er**	Adjektiv + **-est**	Komparativ **and** Komparativ
Romanisch	Adjektiv	**more** + Adjektiv	**(the) most** + Adjektiv	**more and more** + Adjektiv

Für die Wahl der Steigerungsart lassen sich bei den zweisilbigen Adjektiven keine verbindlichen Regeln aufstellen. Vielmehr hängt es oft auch von der Absicht und vom Klangempfinden des Sprechers ab, ob die germanische oder die romanische Steigerungsart gewählt wird.

	Germanisch gesteigerte Adjektive	Romanisch gesteigerte Adjektive
Einsilbige/ mehrsilbige Adjektive	Alle einsilbigen Adjektive.	Alle drei- und mehrsilbigen Adjektive und alle Partizipien. Dabei steht **most** mit dem bestimmten Artikel, wenn ein Substantiv aus einer bestimmten Gruppe, besonders beim Vergleich, hervorgehoben werden soll.
	• **deep - deeper - deepest** • **great - greater - greatest** • **long - longer - longest** • **young - younger - youngest**	• **difficult - more difficult - most difficult** • My brother Tom is **the most intelligent** boy in his class.
Zweisilbige Adjektive	Zweisilbige Adjektive auf **-y, -le, -er** und **-ow** und die auf der zweiten Silbe betonten zweisilbigen Adjektive.	Die meisten zweisilbigen Adjektive, die auf der ersten Silbe betont werden.
	• **easy - easier - easiest** • **happy - happier - happiest** • **polite - politer - politest**	• **polished - more polished - most polished** • **rapid - more rapid - most rapid**
	Folgende Adjektive werden auf germanische Art gesteigert, wenn sie vor Substantiven stehen. • **clever** • **pleasant** • **common** • **quiet** • **cruel** • **solid** • **handsome** • **stupid**	Folgende Adjektive werden auf romanische Art gesteigert, wenn sie nicht vor Substantiven stehen. • **clever** • **pleasant** • **common** • **quiet** • **cruel** • **solid** • **handsome** • **stupid**
	• His **stupidest** mistake was to leave without saying anything.	• Peter's behaviour was **more stupid** than John's.

Bei den auf germanische Art gesteigerten Adjektiven sind die folgenden Rechtschreibregeln zu beachten. Bei den romanisch gesteigerten Adjektiven bleibt das Adjektiv ja unverändert.

	Positiv	Komparativ	Superlativ
Konsonant am Adjektivende Der Endkonsonant des Adjektivs wird verdoppelt, wenn diesem ein einfacher, betonter Vokal vorausgeht.	bi g	bi **gg** *er*	bi **gg** *est*
Der Endkonsonant des Adjektivs wird nicht verdoppelt, wenn diesem ein unbetonter Vokal, zwei Vokale oder ein Konsonant vorausgehen.	narro w grea t youn g	narro w *er* grea t *er* youn g *er*	narro w *est* grea t *est* youn g *est*
Stummes -e am Adjektivende Stummes (unausgesprochenes) **-e** am Adjektivende entfällt.	nic e	nic - *er*	nic - *est*
-ee am Adjektivende **-ee** am Adjektivende wird zu **-e**.	fr ee	fr **e** *er*	fr **e** *est*
-y am Adjektivende **-y** am Adjektivende bleibt erhalten, wenn dem **-y** ein Vokal vorausgeht.	ga y	ga y *er*	ga y *est*
-y am Adjektivende wird zu **-i**, wenn dem **-y** ein Konsonant vorausgeht.	happ y	happ **i** *er*	happ **i** *est*

Unregelmäßig gesteigerte Adjektive

Positiv		Komparativ	Superlativ
good	(gut)	**better**	**best**
well	(gesund, wohl)	**better**	**best**
bad	(schlecht)	**worse**	**worst**
evil	(böse)	**worse**	**worst**

Positiv		Komparativ	Superlativ
ill	(krank)	**worse**	**worst**
many	(viele)	**more**	**most**
much	(viel)	**more**	**most**

Einige Adjektive haben im Komparativ und Superlativ verschiedene Formen. Es liegt dann auch ein Unterschied in der Bedeutung vor.

Positiv		Komparativ	Superlativ
far	(weit; Entfernung)	**farther**	**farthest**
far	(weit; übertragener Sinn und Entfernung)	**further**	**furthest**
late	(spät)	**later**	**latest**
late	(letzter, letzt)	**(the) latter**	**(the) last**
little	(gering, wenig)	**less**	**least**
little	(klein)	**smaller**	**smallest**
near	(nahe; Entfernung)	**nearer**	**nearest**
near	(nahe; Reihenfolge)	**nearer**	**next**
old	(alt; wirkliches Alter)	**older**	**oldest**
old	(alt; Vergleich von Familienmitgliedern)	**elder**	**eldest**

Die Stellung des Adjektivs (The Position of the Adjective)

Normalerweise steht das Adjektiv unmittelbar vor dem Substantiv, das es näher bestimmt. In den folgenden Fällen wird das Adjektiv dem Substantiv nachgestellt.

Attributive Adjektive

Attributive Adjektive, die durch ein anderes Wort als durch ein Adverb näher bestimmt sind, stehen nach dem Substantiv. Attributive Adjektive, die durch ein Adverb näher bestimmt sind, stehen vor dem Substantiv.

- There were many *horses* **decorated** *with wonderful plumes.*
- He was an *unusually* **intelligent** *boy.*

Attributive Adjektive, die besonders hervorgehoben werden sollen, können dem Substantiv nachgestellt werden.

- They needed every *information* **available** to solve this problem.

Adjektive verbalen Ursprungs

Adjektive, die unmittelbar von einem Verb abgeleitet sind, stehen nach dem Substantiv.

- *Opportunities* **seized** are better than *opportunities* **lost.**

Adjektive in besonderen Redewendungen

In einigen besonderen Redewendungen tritt das Adjektiv hinter das Substantiv.

- All the **Lords Temporal** and the **Lords Spiritual** assembled in the chamber.

• **Lords Spiritual**	(geistliche Lords)	• **Prince Consort**	(Prinzgemahl)
• **Lords Temporal**	(weltliche Lords)	• **Princess Royal**	(älteste Tochter des Königs)
• **the members present**	(die anwesenden Mitglieder)	• **Solicitor General**	(Oberstaatsanwalt)

Das Adjektiv mit einem Stützwort (The Adjective with a Prop-Word)

Das Adjektiv steht mit einem Stützwort, um zu vermeiden, daß ein zuvor genanntes Substantiv ständig wiederholt wird. Als Stützwörter dienen Substantive und besonders das Pronomen **one**.

Substantive als Stützwort

	Substantive als Stützwort	Kein Stützwort
Einzelne/ mehrere Personen oder Sachen	Zur Bezeichnung der Eigenschaft einzelner Personen oder Sachen dienen Substantive wie **man, woman, person, thing** etc. als Stützwort.	Zur Bezeichnung mehrerer Personen oder Sachen kann das Adjektiv durch Voranstellen des bestimmten Artikels substantiviert werden.
	• You need not help the **rich guy** because he has enough money and knows a lot of people with great influence.	• You need not help *the* **rich** because they have enough money and know a lot of people with great influence.

Das Stützwort one

Das Adjektiv muß in den folgenden Fällen mit dem Stützwort **one, ones** stehen, wobei **one** bezüglich eines Substantivs im Singular und **ones** bezüglich eines Substantivs im Plural steht.

	one	Kein Stützwort
Komparativ, Superlativ	Nach Komparativen oder Superlativen, die nicht mit dem bestimmten Artikel verbunden sind.	Nach Komparativen und Superlativen, die mit dem bestimmten Artikel stehen.
	• These notebooks are too thick. Haven't you got **thinner ones**? (Diese Notizbücher sind zu dick. Haben Sie keine **dünneren**?) (... Haven't you got thinner notebooks?)	• The African peoples are *the* **poorest** of all peoples in the world.
few, many		Nach den Adjektiven **few** und **many.**

	one	Kein Stützwort
		• I cannot give you more. I have got only a **few.**
Grundzahlen		Nach den Grundzahlen, die bezüglich eines zuvor erwähnten Substantivs stehen.
		• He has got five *cars*. We have got only **two.**
Ordnungszahlen	Nach Ordnungszahlen, besonders zur Bezeichnung einer bestimmten Person oder Sache aus einer Anzahl.	Nach den Ordnungszahlen, und zwar besonders nach **the first, the second** und **the third.**
	• Which song from the CD do you like best? - I like **the fourth one.**	• Our first teacher was much more polite than **the second.**
Possessivpronomen + **own**		Nach den Possessivpronomen + **own**.
		• Is this car *your* **own?** • He hasn't paid *his* **own**.

Der Vergleich (The Comparison)

(No) ... than

Nach dem Komparativ wird der Vergleich durch **than** (als) ausgedrückt.
Im Deutschen steht nach dem Komparativ *als* (nicht *wie*).
Die Verneinung wird ausgedrückt durch **no ... than** (nicht ... als).

- He is *taller* **than** I.
  (Er ist *größer* **als** ich.)
- He is **no** *taller* **than** I.
  (Er ist **nicht** *größer* **als** ich.)

Like

Vor Substantiven und Pronomen wird der Vergleich durch **like** (wie) ausgedrückt.

- He cried **like** *a baby.*
- He behaves **like** *a fool.*

As

Vor Substantiven und Pronomen wird der Vergleich durch **as** (wie) ausgedrückt, vor allem wenn ein ganzer Satz folgt.

- He made the same mistake **as** *his brother (had made).*

(Not) as ... as, (not) so ... as

Bezüglich eines Adjektivs oder Adverbs wird der Vergleich ausgedrückt durch **as ... as** oder **so ... as** ((eben)so ... wie).
Die Verneinung lautet **not as ... as** bzw. **not so ... as** (nicht so ... wie).

- His sister is **as** *old* **as** my brother.
- His sister is **so** *old* **as** my brother.
- His sister is **not as** *old* **as** my brother.

The ... the

The ... the (je ... desto) steht jeweils vor dem Komparativ.

- **The** *harder* he works **the** *more tired* he gets.

The + Komparativ

The (je mehr) steht vor dem Komparativ.

- I am becoming more efficient **the** *longer* I practise.

All the

All the (um so, noch mehr) steht vor dem Komparativ.

- You have to be **all the** *more careful* when the streets are wet.

Im folgenden Schaubild ist die Stellung der einzelnen Satzglieder im Vergleichssatz im Überblick dargestellt.

	(no)	*Komparativ*	**than**	He is **(no)** *taller* **than** I.
	the		**the**	**The** *harder* he works **the** *more tired* he gets.
I am becoming more efficient **the** *longer* I practise.	**the**			
You have to be **all the** *more careful* when the streets are wet.	**all the**			
He cried **like** *a baby.*	**like**	*Substantiv, Pronomen*		
	as	*Substantiv, Pronomen*	Satz	He made the same mistake **as** *his brother (had made).*
His sister is **(not) as/so** *old* **as** my brother.	**(not) as** **(no) so**	*Adjektiv, Adverb*	**as** **as**	

Das Adverb (The Adverb)

Das Adverb (Umstandswort) dient zur näheren Bestimmung von Verben, Adjektiven, Adverbien und ganzen Satzinhalten (das Adjektiv dient zur näheren Bestimmung von Substantiven).
Das Adverb ist stets unveränderlich und dient zur Definition der Art und Weise (adverbs of manner), des Ortes (adverbs of place), der Zeit (adverbs of time), der Menge (adverbs of frequency) und des Grades, der Intensitiät (adverbs of degree).

Ursprüngliche Adverbien (Original Adverbs)

Die ursprünglichen Adverbien haben keine besondere Form.

- I slept **quite** well.
- He has come **here**.

Abgeleitete Adverbien (Derivative Adverbs)

Abgeleitete Adverbien hängen generell an das Adjektiv die Endung **-ly** an.

- He spoke **patiently.**
- He works **precisely.**

	Adjektiv auf		Adverb auf		
Adjektive ohne besondere Endung	patient		patient		**ly**
-y am Adjektivende wird zu **-i**	happ	**y**	happ	**i**	**ly**
stummes **-e** am Adjektivende bleibt bei vorausgehendem Konsonant erhalten	extrem	**e**	extrem	**e**	**ly**
stummes **-e** am Adjektivende entfällt bei vorausgehendem Vokal	tru	**e**	tru	**-**	**ly**
-le am Adjektivende bleibt bei vorausgehendem Vokal erhalten	pa	**le**	pa	**le**	**ly**
-le am Adjektivende entfällt bei vorausgehendem Konsonant	simp	**le**	simp	**-**	**ly**
-l am Adjektivende bleibt erhalten	usua	**l**	usua	**l**	**ly**
-ll am Adjektivende wird zu **-l**	fu	**ll**	fu	**l**	**ly**
Adjektive auf **-ic** hängen **-ally** an	poet	**ic**	poet	**ic**	**ally**
bei Adjektiven auf **-ly** wird umschrieben	friend	**ly**	in a friend	**ly**	**way**

Einige Adverbien haben eine endungslose Form und eine auf **-ly** endende Form. Es liegt dann meist ein Unterschied in der Bedeutung vor. Die auf **-ly** endende Form wird meist in übertragener Bedeutung verwendet.

- He works **hard** from morning to night.
- I could **hardly** behave myself when I heard the news.

• **clear**	(klar)	• **clearly**	(deutlich)
• **deep**	(tief)	• **deeply**	(zutiefst, sehr)
• **fair**	(schön, ehrlich)	• **fairly**	(recht, ziemlich)
• **hard**	(schwer, hart)	• **hardly**	(kaum)
• **high**	(hoch)	• **highly**	(äußerst, höchst)
• **late**	(spät)	• **lately**	(kürzlich, neulich)
• **near**	(nahe)	• **nearly**	(fast, beinahe)

Statt der oft schwerfällig klingenden Adverbien auf **-ly** werden im Englischen häufig die folgenden Stilmittel verwendet.

Adverbien, die durch Umschreibung gebildet werden

Einige Adjektive enden schon auf **-ly** oder das Adverb klingt schwerfällig. In diesen Fällen bedient man sich der Umschreibung mit **in a ... manner, in a ... way, it is** + Adjektiv oder **with** + Substantiv.

- They treated me **in a friendly way**.
  (Sie behandelten mich **freundlich**.)
- **It is difficult** for me to solve this problem all alone.
- She could only solve this problem **with difficulties**.

Verbaler Ausdruck statt Adverb

Häufig wird im Englischen ein Ausdruck mit Verb (verbaler Ausdruck) verwendet, wo im Deutschen ein Adverb steht.

- I'd **prefer** to go to the cinema.
  (Ich würde **lieber** ins Kino gehen.)
- I **chanced to** hear it.
  (Ich hörte es **zufällig**.)

• **to chance to**	(zufällig)	• **to like better**	(lieber)
• **to continue**	(weiter)	• **to be likely to**	(wahrscheinlich)
• **to expect (that)**	(voraussichtlich)	• **to prefer**	(lieber)
• **to be fond (of)**	(gern)	• **to seem to**	(anscheinend)
• **to go on**	(weiter)	• **to suppose**	(vermutlich)
• **to happen to**	(zufällig)	• **to be supposed to**	(vermutlich)
• **to hope**	(hoffentlich)	• **to be sure**	(sicherlich)
• **to keep on**	(weiter)	• **to be true**	(zwar)
• **to like to**	(gern)		

Die Steigerung des Adverbs (The Comparison of the Adverb)

Das Englische kennt neben der Grundstufe die folgenden Steigerungsformen beim Adverb. Dabei unterscheidet man die germanische und romanische Steigerungsart.

Positiv (Positive)

Der Positiv ist die Grundstufe des Adverbs. Er drückt aus, daß zwei oder mehr Wesen oder Dinge in bezug auf ein Merkmal gleich sind; gleicher Grad.
Zur Verstärkung des Positivs dient **very** (sehr).

- Mary and Pamela will **soon** arrive.
- You must do your homework **carefully**.
- Peter answered my question **correctly**.
- Mary works **precisely**.
- Mrs Smith listens *very* **patiently**.

Komparativ (Comparative)

Der Komparativ drückt aus, daß zwei Wesen oder Dinge in bezug auf ein Merkmal ungleich sind; ungleicher Grad.

Germanisch:	Adverb + **-er**
Romanisch:	**more** + Adverb

- Mary arrived **sooner** than Pamela did.
- You must do your homework **more carefully.**

Der Komparativ wird durch **no** und **not any** verneint und durch **much** (viel) verstärkt.

- Mary arrived *no/not any* **sooner** than Pamela did.
- Mary works *much* **more precisely** than Peter does.

Die allmählich zunehmende Steigerung (immer) wird bei den germanisch gesteigerten Adverbien durch die Wiederholung des Komparativs und bei den romanisch gesteigerten durch **more and more** + Adverb ausgedrückt.

- He spoke **faster** *and* **faster**.
- His situation gets **worse** *and* **worse**.
- Mary works **more** *and* **more carefully**.

Superlativ (Superlative)

Der Superlativ drückt aus, daß von mindestens drei Wesen oder Dingen einem der höchste Grad eines Merkmals zukommt; höchster Grad.

Germanisch:	**(the)** Adverb + **-est**
Romanisch:	**(the) most** + Adverb

- Four o'clock is **the soonest** I can be there.
- Of all our employees, Mary works **the most precisely.**

Art/ Stufe	Positiv	Komparativ	Superlativ	Allmähliche Steigerung
Germanisch	Adverb	Adverb + **-er**	Adverb + **-est**	Komparativ **and** Komparativ
Romanisch	Adverb	**more** + Adverb	**the most** + Adverb	**more and more** + Adverb

Es ist zu beachten, daß bei einer Steigerung das **-y** der Endung **-ly** in der Regel in **-i** umgewandelt wird (**early - earlier - earliest**).

Für die Wahl der Steigerungsart ist zu beachten, um welches Adverb es sich handelt. Der folgenden Tabelle ist zu entnehmen, welche Adverbien germanisch und welche romanisch gesteigert werden.

	Germanisch gesteigerte Adverbien	Romanisch gesteigerte Adverbien
Ursprüngliche/ abgeleitete Adverbien	Ursprüngliche Adverbien werden auf germanische Art gesteigert.	Abgeleitete Adverbien (mit der Endung **-ly**) werden auf romanische Art gesteigert.
	• Mary arrived **sooner** than Pamela did.	• The problem is **more simply** solved than I had expected.
Einsilbige/ zwei- und mehrsilbige Adverbien	Einsilbige Adverbien und das Adverb **early** werden auf germanische Art gesteigert.	Zwei- und mehrsilbige Adverbien werden auf romanische Art gesteigert.
	• Mary arrived **sooner** than I had expected.	• Peter did his homework **more carefully** than John.
Gleiche Form von Adjektiv und Adverb	Adverbien, die die gleiche Form haben wie das entsprechende Adjektiv, werden in der Regel auf germanische Art gesteigert.	
	• The **earlier** you start the **sooner** you will arrive.	
Partizipien		Partizipien, die in der Funktion eines Adverbs stehen.
		• His behaviour was even **more surprising** than what he said.

Unregelmäßig gesteigerte Adverbien

Die Steigerungsformen der unregelmäßig gesteigerten Adverbien gleichen meist denen der entsprechenden Adjektive.

Positiv		Komparativ	Superlativ
badly	(schlimm; schlecht)	**worse**	**worst**
far	(weit; räumlicher Sinn)	**farther**	**farthest**
far	(weit; übertragener Sinn)	**further**	**furthest**
ill	(schlimm; schlecht)	**worse**	**worst**
little	(wenig, gering)	**less**	**least**
much	(viel)	**more**	**most**
well	(gut)	**better**	**best**

Die Stellung des Adverbs (The Position of the Adverb)

Zur Stellung des Adverbs lassen sich keine allgemeingültigen Regeln aufstellen. Im allgemeinen tritt das Adverb vor das Wort, auf das es sich bezieht. Die folgenden Ausführungen geben weitere Anhaltspunkte zur Stellung der Adverbien.
Ferner ist es auch von der Satzmelodie und nicht zuletzt vom Empfinden des Sprechers abhängig, an welcher Stelle er das Adverb plaziert. Im Gegensatz zum Deutschen steht das Adverb im Englischen jedoch nicht zwischen Verb und direktem Objekt.

Beim Verb

Die Adverbien stehen in der Regel vor dem Vollverb.
In den zusammengesetzten Zeiten und im Passiv stehen sie somit nach dem ersten Hilfsverb.

- He **quickly** *left* the house.
- He **often** *left* the house before 6 o'clock.
- He *has* **quickly** *left* the house.
- This problem *has* **nearly** *been* solved.

Die Adverbien stehen in der Regel nach dem Vollverb, wenn kein Objekt folgt.
Dies gilt besonders für die Adverbien der Art und Weise, der Menge, Häufigkeit und der unbestimmten Zeit.

- He *worked* **precisely**.
- We *met* **regularly** for lunch.
- The children *played* **sometimes** in the garden.

Am Satzanfang, Satzende

Die Adverbien können, besonders wenn sie betont sind, an den Satzanfang oder an das Satzende treten.

- **Of course**, we wanted to see the queen.
- He left the house **quickly**.
- **Yesterday,** I met your sister.
- I met your sister, **yesterday**.

Beim Bezugswort

Die Adverbien stehen in der Regel unmittelbar vor dem Wort, das sie näher bestimmen. Dieses Wort kann auch ein Infinitiv sein. **Not** steht immer vor dem Infinitiv.

- I **quite** *understand*.
- He left her **never** *to come back* again.
- He told her **not** *to come back* before 8 o'clock in the evening.

Only und **too** stehen in der Regel nach dem Wort, zu dem sie gehören. Steht dieses Wort am Satzende, treten **only** und **too** hinter dieses und werden meist durch Komma abgetrennt.
Only kann auch vor dieses Wort treten.

- *You* **only** can do this work successfully.
- The dog obeys *Father,* **only**.
- *Mother and father,* **too**, have left the house.
- The dog obeys **only** *Father.*

Bei Adjektiven und anderen Adverbien

Ortsadverbien stehen meist vor einem Adverb der Art und Weise und vor Zeitadverbien oder Zeitbestimmungen (Ort - (Art und Weise) - Zeit).

- I will see you **there** *shortly.*
- I lived **here** *for more than ten years.*

Too steht in der Regel vor Adjektiven und Adverbien, zu denen es gehört.

- This problem was **too** *difficult.*
- I was driving **too** *quickly.*

Enough steht nach einem prädikativen Adjektiv und nach einem anderen Adverb.

- Is the drink *cold* **enough** for your guest?
- Does he run *fast* **enough**?

Das folgende Schaubild gibt eine Übersicht über die Stellung der Adverbien.

He *has* **quickly** *left* the house.	(Hilfsverb)	**Adverb**	Vollverb	He **quickly** *left* the house.
I met your sister, **yesterday**.	Satz	**Adverb**	Satz	**Yesterday**, I met your sister.
		Adverb	Bezugswort	I **quite** *understand.*
Mother and father, **too**, have left the house. The dog obeys *Father,* **only**.	Bezugswort	**too, only**	Bezugswort	The dog obeys **only** *Father.*
		Ort	**Art und Weise**	I will see you **there** *shortly.*
			Zeit	I lived **here** *for more than ten years.*
		too	**Adverb,** Adjektiv	I was driving **too** *quickly.* This problem is **too** *difficult.*
Does he run *fast* **enough**? Is the drink *cold* **enough**?	**Adverb,** Adjektiv	**enough**		

Adverb oder Adjektiv (Adverb or Adjective)

Adverb und Adjektiv haben unterschiedliche Funktionen im Satz, d. h. Adjektive dienen zur näheren Bestimmung von Substantiven und Pronomen, und Adverbien dienen zur näheren Bestimmung von Verben, Adjektiven oder anderen Adverbien.
Es ist zu beachten, daß manche Adverbien dieselbe Form haben wie das entsprechende Adjektiv.

	Adverb	Adjektiv
Bezüglich des Substantivs	Einige Adverbien werden als attributive Adjektive verwendet, d. h. sie stehen zur näheren Bestimmung des Substantivs.	Adjektive stehen zur näheren Bestimmung von Substantiven und Pronomen. Sie beschreiben deren Eigenschaften.
	• The **then** *minister* arrived on an official visit in London. (Der **damalige** *Minister* kam zu einem offiziellen Besuch in London an.	• *Mary* is **intelligent.** • *John* is always **happy**. • *Peter* is **nice.**
Bezüglich des Verbs	Bezüglich eines Verbs steht das Adverb. Das Adverb beschreibt die Art und Weise einer Tätigkeit.	Nach den folgenden Verben des Seins, Scheins oder Werdens. • **to be** • **to grow** • **to become** • **to look** • **to get** • **to seem**
	• He *works* **precisely.** • He *listens* **patiently.**	• It was *getting* **dark.** • He *looks* **awful.**
		Nach den folgenden Verben der Ruhe bzw. der Bewegung. • **to arrive** • **to return** • **to leave** • **to sit** • **to lie** • **to stand** • **to remain**
		• He *lay* **silent** on his bed and read. • He *stood* **nervous** in the corner and waited.
		Nach den Verben des Handelns, Dafürhaltens und Erklärens.
		• We *find* his attitude **wrong**. • We *think* his behaviour **irresponsible.**

Einige Adverbien und Adjektive gleichen oder unterscheiden sich in Form oder Bedeutung.

	Adverb	Adjektiv
Gleiche Form, gleiche Bedeutung	Einige Adverbien haben dieselbe Form und dieselbe Bedeutung wie die entsprechenden Adjektive. • **best** (am besten) • **better** (besser) • **daily** (täglich) • **early** (früh) • **enough** (genug) • **far** (weit) • **fast** (schnell) • **last** (zuletzt) • **least** (mindestens) • **less** (weniger) • **little** (wenig; kaum) • **long** (lang) • **much** (viel) • **straight** (geradewegs) • **weekly** (wöchentlich) • **worse** (schlechter) • **worst** (am schlimmsten) • **yearly** (jährlich)	Einige Adjektive haben dieselbe Form und dieselbe Bedeutung wie die entsprechenden Adverbien. • **best** (am besten) • **better** (besser) • **daily** (täglich, Tages-) • **early** (früh) • **enough** (genug) • **far** (weit) • **fast** (schnell) • **last** (zuletzt) • **least** (mindestens) • **less** (weniger) • **little** (wenig) • **long** (lang) • **much** (viel) • **straight** (gerade; direkt) • **weekly** (wöchentlich) • **worse** (schlechter) • **worst** (am schlimmsten) • **yearly** (jährlich)
	• It *takes* me an hour **daily** to get to school.	• The newspaper 'The Times' is a **daily** *paper.*
Gleiche Form, unterschiedliche Bedeutung	Einige Adverbien haben dieselbe Form wie die entsprechenden Adjektive, jedoch unterschiedliche Bedeutung. • **only** (nur) • **pretty** (ziemlich) • **still** (noch) • **well** (gut)	Einige Adjektive haben dieselbe Form wie die entsprechenden Adverbien, jedoch unterschiedliche Bedeutung. • **only** (einzig) • **pretty** (hübsch) • **still** (still) • **well** (wohl)
	• This problem is **pretty** *difficult.* • You can **only** *wait.*	• *Peter* is a **pretty** boy. • The **only** *thing* you can do is wait.
Unterschiedliche Form, unterschiedliche Bedeutung	Einige Adverbien haben zwei Formen, eine endungslose Form (wie das Adjektiv) und eine auf **-ly** endende Form. Die auf **-ly** endende Form wird meist in übertragener Bedeutung verwendet.	Einige Adjektive haben dieselbe Form wie die endungslose Form der entsprechenden Adverbien. Die Bedeutung wird meist aus dem Zusammenhang deutlich.

Adverb		Adjektiv	
• **clear** (klar)	• **clearly** (deutlich)	• **clear**	(klar, deutlich)
• **deep** (tief)	• **deeply** (zutiefst, sehr)	• **deep**	(tief(sinnig))
• **fair** (schön, ehrlich)	• **fairly** (recht, ziemlich)	• **fair**	(schön; ehrlich)
• **hard** (schwer)	• **hardly** (kaum)	• **hard**	(hart, schwer)
• **high** (hoch)	• **highly** (höchst, äußerst)	• **high**	(hoch)
• **just** (gerade)	• **justly** (gerecht)	• **just**	(gerecht)
• **late** (spät)	• **lately** (kürzlich, neulich)	• **late**	(spät; verstorben)
• **near** (nahe)	• **nearly** (beinahe, fast)	• **near**	(nahe; beinahe)
• An eagle is a bird which can *fly* very **high**. • He was **highly** *upset* when he heard the news.		• Mount Everest is the **highest** *mountain* in the world.	
• Peter *works* **hard** from morning to night. • I could **hardly** *behave* myself when I heard the news.		• Peter works in a coal mine. This is very **hard** *work*.	

Die Grundzahlen (The Cardinal Numbers)

Die folgende Aufstellung stellt die Grundzahlen im Überblick dar. Dabei sind bei Zusammensetzungen aus Einern und Zehnern und Hunderten, Tausendern einige Beispiele gegeben, die aufzeigen, wie alle anderen Zahlen gebildet werden.

Einer	Zehner		Hunderter, Tausender	
0 **nought**	10 **ten**	20 **twenty**	**100**	**one, a hundred**
1 **one**	11 **eleven**	21 twenty-one	101	one, a hundred and one..
2 **two**	12 **twelve**	22 twenty-two ...	110	one, a hundred and ten...
3 **three**	13 **thirteen**	30 **thirty**	200	two hundred ...
4 **four**	14 **fourteen**	40 **forty**	**1,000**	**one, a thousand**
5 **five**	15 **fifteen**	50 **fifty**	1,001	one, a thousand and one...
6 **six**	16 **sixteen**	60 **sixty**	2,000	two thousand
7 **seven**	17 **seventeen**	70 **seventy**	**100,000**	**one, a hundred thousand**
8 **eight**	18 **eighteen**	80 **eighty**	**1,000,000**	**one, a million**
9 **nine**	19 **nineteen**	90 **ninety**	10^{12}	**a thousand millions** (BE) **one, a billion** (AE)

Cipher, nil, nought, o, zero

Cipher, nil, nought, o und **zero** bezeichnen alle die Null, wobei

cipher	das Schriftzeichen, die Ziffer Null,
nil	die Punktzahl bei Sportergebnissen und in Statistiken,
nought	den Zahlenwert Null,
o [ou]	die Null in Fernsprechnummern und
zero	den Nullpunkt einer Skala bezeichnet.

- If you add a **cipher** to ten you will have one hundred.
- Manchester United beat Port Vale two to **nil** (2 : 0).
- Twenty minus twenty leaves **nought**.
- My telephone number is three - three - five - four - **o** (33540).
- This morning, the temperature has fallen below **zero**.

(One, a) hundred, thousand, million, billion

Hundred, thousand, million, billion können nicht wie im Deutschen alleine stehen, sie müssen stets mit **a**, **one** (für 1) oder einem anderen Zahlwort verbunden werden. **A** wird meist verwendet, wenn die Zahlwörter alleine stehen, **one** steht zur Hervorhebung und immer bei Jahreszahlen.

- He gave me **a hundred** dollars.
- He gave me **one hundred** dollars.
- In the year **one hundred and twenty-five**.

Hundred, thousand, million, billion können als Substantive verwendet werden und erhalten somit im Plural ein -s, außer wenn ein Substantiv folgt oder eine kleinere Zahl vorausgeht.
Beifügungen werden mit **of** angeschlossen.

- There were **hundreds** *of people.*
- He spent **millions** *of dollars* on this business.
- He spent *five* **million** dollars on this business.

Einer- und Zehner-, Hunderter-, Tausenderzahlen

Zehner- und Einerzahlen müssen durch Bindestrich verbunden werden.

- **twenty-two**
- **thirty-one**

Bei Hunderter- und Tausenderzahlen steht vor folgenden Einer- und Zehnerzahlen **and**.

- **a, one hundred** *and* **one**
- **three thousand** *and* **seventy**

Einer- und Zehnerzahlen können ebenfalls als Substantive verwendet werden. Auch sie erhalten im Plural ein -s.

- She is a girl in her **thirties.**
- The **twenties** of this century are called the golden **twenties.**

Zahlen von vier und mehr Stellen

Zahlen von vier und mehr Stellen werden je drei Stellen von rechts durch Komma (nicht durch Punkt) abgetrennt.

- **10,000**
- **100,000**
- **100,000,000**

Die Ordnungszahlen (The Ordinal Numbers)

Einer	Zehner		Hunderter, Tausender	
	10th tenth	**20th twentieth**	**100th**	**(one, a) hundredth**
1st first	**11th eleventh**	21st twenty-first	101st	hundred and first ...
2nd second	**12th twelfth**	22nd twenty-second	120th	hundred and twentieth..
3rd third	**13th thirteenth**	**30th thirtieth**	200th	two hundredth...
4th fourth	**14th fourteenth**	**40th fortieth**	**1,000th**	**(one) thousandth**
5th fifth	**15th fifteenth**	**50th fiftieth**	1,001st	thousand and first
6th sixth	**16th sixteenth**	**60th sixtieth**	2,000th	two thousandth
7th seventh	**17th seventeenth**	**70th seventieth**	3,000th	three thousandth
8th eighth	**18th eighteenth**	**80th eightieth**	**1,000,000th**	**(one, a) millionth**
9th ninth	**19th nineteenth**	**90th ninetieth**	**10^{12}th**	**(one, a) billionth**

Die Ordnungszahlen werden mit dem bestimmten Artikel verbunden. Der Artikel wurde in obiger Tabelle aus Platzgründen weggelassen.

Als Ziffer geschrieben

Als Ziffern geschrieben, müssen die letzten beiden Buchstaben der Ordnungszahl an die Ziffer angeschlossen werden.

- fir**st** - 1**st**
- seco**nd** - 2**nd**
- four**th** - 4**th**

Herrschernamen

Die Ordnungszahlen werden bei Herrschernamen verwendet. Bei der Verwendung von Ziffern stehen römische Ziffern ohne Punkt.

- Elizabeth **I** - Elizabeth **the First**
- Henry **XIII** - Henry **the Eighth**
- Charles **V** - Charles **the Fifth**

In Aufzählungen

In Aufzählungen wird an die vier ersten Ordnungszahlen **-ly** angehängt, die fünfte und alle weiteren Ordnungszahlen werden mit **in the fifth** etc. **place** umschrieben.

- **Firstly** we unpacked our suitcases, **secondly** we took a rest for half an hour, **thirdly** we went to the beach, and **in the fourth place** we went to bed.

Die Bruchzahlen (Fractional Numbers)

Gemeine Brüche (Vulgar Fractions)

Für die gemeinen Brüche gilt die Formel:

$$\frac{\textbf{Zähler}}{\textbf{Nenner}} = \frac{\textbf{Grundzahl}}{\textbf{Ordnungszahl}}$$

Ist die Grundzahl > 1, so erhält die Ordnungszahl ein Plural-s.
Ist die Grundzahl = 1, kann **one** oder **a** verwendet werden.

- $\frac{2}{5}$ $\frac{\text{two}}{\text{fifths}}$
- $\frac{1}{5}$ $\frac{\text{a, one}}{\text{fifth}}$

Bei Brüchen, die eine ganze Zahl enthalten, wird zwischen der ganzen Zahl und dem Bruch **and** eingefügt.

- **2 2/5 two and two fifths**
- **1 1/2 one and a half**
- **3 1/2 three and a half**

Die Brüche **one half (1/2)** und **a fourth**, **a quarter (1/4)** weichen von der obigen Formel ab.
A fourth und **a quarter** stehen, wenn kein Substantiv folgt, folgt ein Substantiv, kann nur **a quarter** stehen. Die Benennung wird mit **of** angeschlossen.

- **1/2 a, one half**
- **1/4 a, one quarter,**
  a, one fourth
- How much do you want? - Give me **a fourth/quarter.**
- How many miles is it to London? It is only **a quarter** *of a mile.*

Dezimalbrüche (Decimal Fractions)

Für die Dezimalbrüche gilt die Formel:

Grundzahl Punkt Grundzahl

Dezimalbrüche werden im Englischen durch Punkt und nicht wie im Deutschen durch Komma abgetrennt. Im britischen Englisch steht der Punkt vorzugsweise in der Mitte, im amerikanischen Englisch auf der Zeile.

- **3·23 three point twenty-three** (BE)
- **3.23 three point two three** (AE)
- **3·23** (BE)
- **3.23** (AE)

Die Vervielfältigungszahlen (Multiplying Numbers)

Es gibt im Englischen zwei Arten von Vervielfältigungs-, Wiederholungszahlwörtern, die neben einigen unregelmäßigen Formen wie folgt gebildet werden.

Grundzahlen + -fold

Bis auf die ersten vier unregelmäßigen Formen wird an die Grundzahl **-fold** angehängt. Im Deutschen wird dies mit der Grundzahl + *-fach* übersetzt.

- He painted the room with a **single** coat of blue.
- I would like a **double** scotch.
- She had a **triple** scoop ice cream cone.
- We received a **fivefold** return on our investment.

- **simple, single** (einfach)
- **double** (doppelt)
- **triple, treble (threefold)** (dreifach)
- **quadruple (fourfold)** (vierfach)
- **fivefold** etc. (fünffach)

Grundzahlen + times

Bis auf die ersten beiden unregelmäßigen Formen wird an die Grundzahl **times** angehängt. Im Deutschen wird dies mit der Grundzahl + *-mal* übersetzt.

- David earns **twice** what I do.
- Her car has **three times** the horsepower of mine.
- She has won Wimbledon **four times**.

- **once** (einmal)
- **twice** (zweimal)
- **three times** (dreimal)
- **four times** (viermal)
- **five times** etc. (fünfmal)

Ausdrücke wie *doppelt, dreimal ... so + Adjektiv (wie)* werden mit der Grundzahl + **times** und dem Adjektiv + **as** gebildet, also **three times as** + Adjektiv **as.**

- This car is **four times** *as expensive as* that one.
- This text is **five times** *as long as* that one.

Die Uhrzeit und andere Zeitangaben

Die Uhrzeit (The Time)

Bei Zeitangaben kann **o'clock** und **minutes** hinzugefügt werden. **Minutes** kann weggelassen werden, wenn es sich um mehr als vier Minuten handelt, bei vier und weniger als vier Minuten muß es stehen.

- It is **four o'clock**.
- It is **four.**
- It is four (o'clock) and **twenty (minutes)**.
- It is four (o'clock) and **three minutes.**
- It is now **four o seven.**
- The train leaves at **eight o four** p.m.

Bei offiziellen Zeitangaben werden im britischen Englisch 24 Stunden gezählt. Dabei wird **o'clock** grundsätzlich weggelassen.

- The train arrives at **twenty twelve** (20:12).
- The plane takes off at **twenty-three** (23:00).

Die Zeit von 24 Uhr bis 12 Uhr wird mit **a.m.** (lat.: ante meridiem) und die Zeit von 12 Uhr bis 24 Uhr wird mit **p.m.** (lat.: post meridiem) bezeichnet.

- When will the train arrive? I think the train arrives at **7 a.m.** (in the morning).
- When will the plane take off? I think the plane takes off at **5 p.m.** (in the afternoon).

Das Datum (The Date)

Beim Datum stehen - wie im Deutschen - die Ordnungszahlen, und zwar vor oder hinter dem Monat, der durch Komma von der Jahreszahl abgetrennt wird, wenn die Ordnungszahl nach dem Monat steht.

- **27th July (,) 1997**
  (the twenty-seventh of July, 1997)
- **July 27(th), 1997**
  (July the twenty-seventh, 1997)

Das Datum im Brief wird im britischen Englisch durch Punkt, im amerikanischen Englisch durch Schrägstrich getrennt.
Außerdem steht im amerikanischen Englisch der Monat vor der Tageszahl.

- **27.7.1997** (BE)
- **7/27/1997**
  (July 27, 1997) (AE)

Die Uhrzeit (The Time)

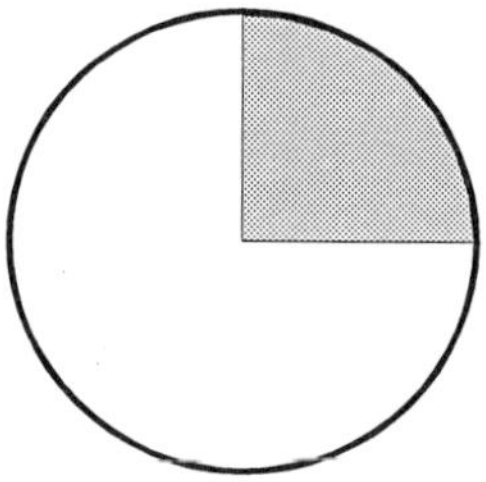

a quarter of an hour,
a quarter hour

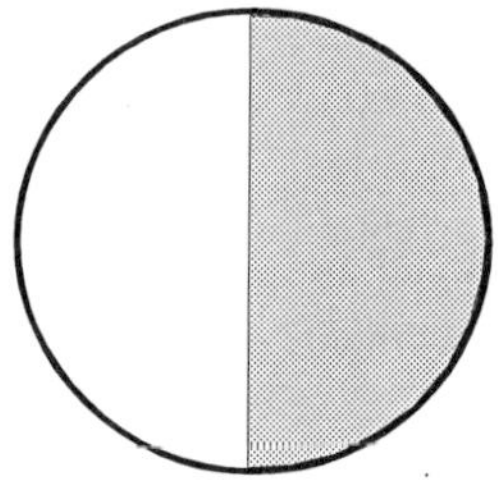

half an hour

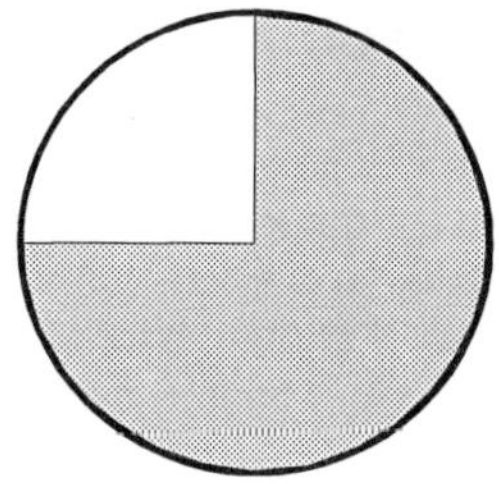

three quarters of an hour

What time is it?

It is a quarter past one,
it is one fifteen.

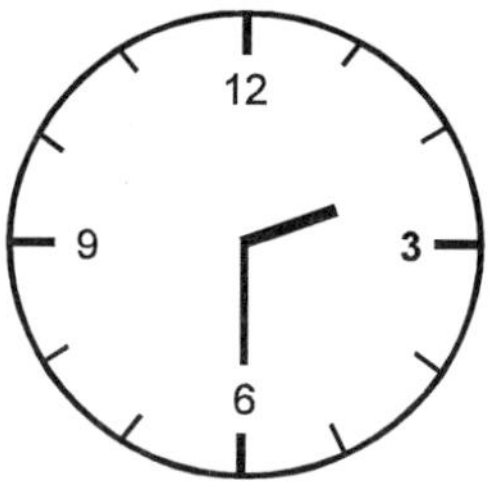

It is half past two,
it is two thirty.

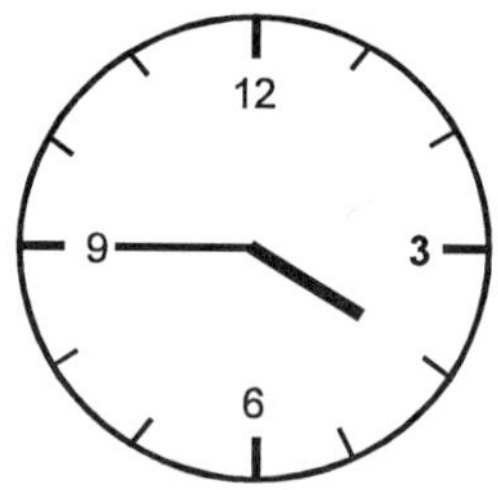

It is a quarter to four,
it is three forty-five.

It is twelve o'clock,
it is midday, noon,
it is midnight.

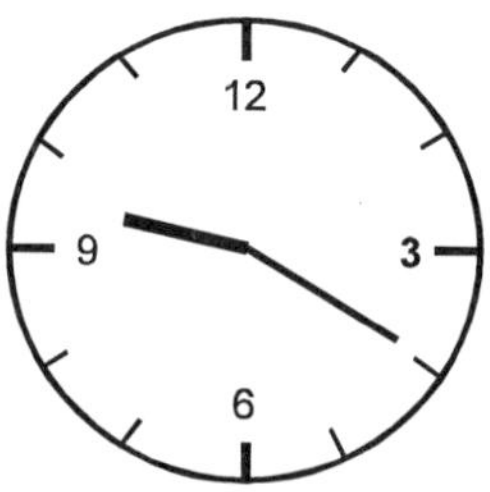

It is twenty past nine,
it is nine twenty.

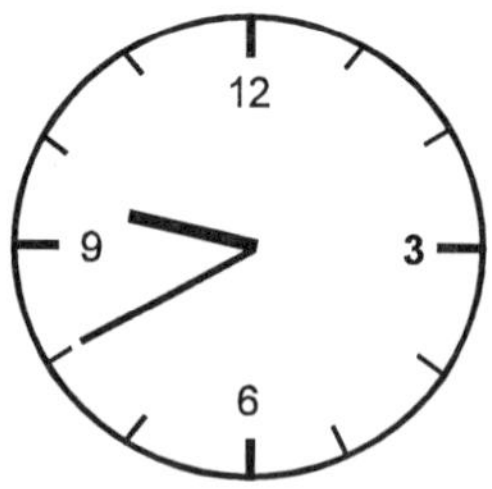

It is twenty to ten,
it is nine forty.

Das Pronomen (The Pronoun)

Die Pronomen (Fürwörter) vertreten Personen und Sachen, die Subjekt (Nominativ, wer-Fall) sind, im possessive case (Genitiv, wessen-Fall) stehen oder die indirektes Objekt (Dativ, wem-Fall) oder direktes Objekt (Akkusativ, wen-Fall) sind.

Peter writes a letter. — **He** writes a letter.
Subjekt

This woman's son was arrested. — The woman **whose son** was arrested.
Possessive Case: **s.o.'s son** was arrested

I give the book **to Peter.** — I give it **to him.**
Indirektes Objekt: to give s.th. **to s.o.**

This morning, I saw **Mary.** — This morning, I saw **her.**
Direktes Objekt: to see **s.o.**

Das obige Schaubild gibt eine generelle Übersicht über die vier Fälle.
Es ist zu beachten, daß ein Wort, das im Deutschen zum Beispiel indirektes Objekt (Dativ) ist, im Englischen direktes Objekt (Akkusativ) sein kann und umgekehrt. Um welches Objekt es sich im einzelnen handelt, hängt davon ab, mit welcher Ergänzung das jeweilige Verb stehen kann. Indirekte Objekte können mit und ohne die Präposition **to** angeschlossen werden und werden folglich auch durch ein indirektes Objektpronomen ersetzt. Direkte Objekte werden ohne Präposition an das Verb angeschlossen und folglich auch durch ein direktes Objektpronomen ersetzt.

Substantivische Pronomen (Substantival Pronouns)

Die substantivischen Pronomen können ohne ein Substantiv verwendet werden.

- Can I have your book? - I forgot **mine**.
- I lost my paper. - Can you show me **yours**?

Attributive Pronomen (Attributive Pronouns)

Die attributiven Pronomen stehen in Verbindung mit einem Substantiv.

- Where is **your** *book*?
- I have seen **your** *mother*.

Das Personalpronomen (The Personal Pronoun)

Das Personalpronomen (persönliches Fürwort) vertritt Personen und Sachen, die Subjekt, indirektes oder direktes Objekt sind.

Nu.	Pers.	Genus	Subjekt	Indirektes Objekt	Direktes Objekt
Sing.	1	mask. / fem.	**I**	**me**	**me**
	2	mask. / fem.	**you**	**you**	**you**
	3	mask.	**he**	**him**	**him**
		fem.	**she**	**her**	**her**
		neutr.	**it**	**it**	**it**
Plur.	1	mask. / fem.	**we**	**us**	**us**
	2	mask. / fem.	**you**	**you**	**you**
	3	mask. / fem. / neutr.	**they**	**them**	**them**

Die Subjektpronomen

Die Subjektpronomen stehen als Ergänzung zu dem Verb **to be**. In der Umgangssprache stehen hier häufig die direkten Objektpronomen.
Die Subjektpronomen sollten stehen, wenn ein Nebensatz folgt.

- It *was* **I** who called you last night.
  (It *was* **me** who called you last night.)
- It *is* only **he** *who can solve this difficult problem.*

Die Subjektpronomen he, she, it, they

He bzw. **she** vertreten eine zuvor genannte männliche bzw. weibliche Person, die Subjekt ist, **they** mehrere.
It vertritt eine zuvor genannte Sache, die Subjekt ist, **they** mehrere.
It, they stehen auch bezüglich Personen, deren Geschlecht oder Zahl nicht bekannt ist oder deren Name erst nachher genannt wird.

- May I introduce you to *this gentleman*? - **He** is my father.
- Can you see *these girls* over there? - **They** are my sisters.
- Who knocked at the door? - **It** was your *sister*.

Die direkten Objektpronomen

Die direkten Objektpronomen stehen häufig statt der Subjektpronomen in der Umgangssprache, besonders nach **it is, it was** und **that is, that was.**

- My husband and **me (I)** spent our holidays in Scotland.
- *It was* **me (I)** who called the police last night.

Sie stehen in Verbindung mit Zahlwörtern oder Indefinitpronomen, an die sie meist mit **of** angeschlossen werden.

- *All of* **us** went to school by bus.
  (**Wir** *alle* fuhren mit dem Bus zur Schule.)
- There were *five of* **us** who spent their holiday in Scotland.

Das Anredepronomen you

Das Anredepronomen **you** dient zur Anrede einer und mehrerer Personen, die man duzt (du, dich, dir; ihr, euch) oder siezt (Sie, Ihnen).
Im Deutschen werden die Anredepronomen bei direkter Anrede groß geschrieben.

- Are **you** happy?
  (Bist **du**/seid **ihr**/sind **Sie** glücklich?)
- May I introduce this gentleman to **you**?
  (Darf ich **dir/euch/Ihnen** diesen Herrn vorstellen?)
- May I introduce **you** to this gentleman?
  (Darf ich **dich/euch/Sie** diesem Herrn vorstellen?)

Das deutsche *es*

Das deutsche *es* wird im Englischen durch verschiedene Personalpronomen oder **there** und **so** wiedergegeben oder bleibt unübersetzt.

Die Personalpronomen he, she, they

Bezüglich einer zuvor genannten männlichen bzw. weiblichen Person steht **he** bzw. **she**, bezüglich mehrerer steht **they**.

- May I introduce you to *this gentleman*? - **He** is my father.
  (Darf ich Sie *diesem Herrn* vorstellen? - **Es/das** ist mein Vater.)

Das Personalpronomen it

It vertritt neben Sachen auch Personen, deren Geschlecht oder Zahl nicht bekannt ist oder deren Name erst nachher genannt wird.

- Who knocked at the door? - **It** was your *sister.*

Es bezeichnet einen zuvor bereits erwähnten Vorgang oder ganzen Satzinhalt.

- My son passed the exam and I am very glad of **it**.
  (Mein Sohn bestand die Prüfung und ich bin sehr froh **darüber**.)

Zur Hervorhebung einzelner Satzglieder oder auf die Frage **who/what is it** steht immer **it is/was**. Dabei steht immer **is/was** (im Singular), selbst wenn das Bezugswort im Plural steht.

- **It** *was her brother* who told me the truth.
- Do you see the boys over there?- *Who is it*? - **It** *is my brothers.*
  (... **Es** *sind meine Brüder.*)

Nach betontem **to do** steht **it, that** oder **so. It** und **that** sind nachdrücklicher als **so.**

- Do you think he will tell her the truth? - I don't know, but I will *do* **it/that/so.**

In Angaben zum Wetter oder in Zeitangaben ist **it** ein unpersönliches, grammatisches Subjekt.

- Put your coat on, **it** *is cold* outside.
- **It** *is six o'clock* in the morning.

It steht als sogenanntes Vorsubjekt (preparatory subject) in einigen unpersönlichen Ausdrücken.

- **It** *is difficult* to solve this problem in such a short time.
- **It** *is no good* crying over spilt milk.

Das Vorsubjekt there

There steht als sogenanntes Vorsubjekt (preparatory subject), wenn das Verb des Satzes **to be** oder wenn noch ein Subjekt folgt, das ein Substantiv ist.

- **There** *was* nobody to be seen in the street.
- **There** *were many people* who wanted to see the queen.

There is/was und **there are/were** (es gibt) muß stehen, wenn am Satzanfang ein Adverb oder eine adverbiale Bestimmung der Zeit steht. Nach adverbialen Bestimmungen des Ortes kann **there** weggelassen werden.

- *Unfortunately*, **there were** a lot of children who died in the catastrophe.
- *This morning*, **there were** two foreign persons standing in front of our house looking for something I don't know.

Tritt **there** an den Satzanfang zur Hervorhebung des Subjekts, steht dieses hinter dem Prädikat (Inversion des Subjekts).

- **There** *came a lot of people* to see the queen.

So

Nach den Verben des Sagens und Denkens steht **so** bezüglich eines vorausgehenden ganzen Satzinhalts.

- Do you think she is happy? - I *hope* **so**.
- Will he come to your party? - I *think* **so**.

Nach den Verben der Sinneswahrnehmung **to hear, to notice, to see** steht **so** am Satzanfang.

- The new film was a great success. - **So** I've *heard.*
  (... **Das** habe ich *gehört.*)

Das deutsche *es* bleibt unübersetzt

Nach den Modalverben bleibt das deutsche *es* grundsätzlich unübersetzt.

- Do you think he can come? Yes, he **can.**

Die Verben des Sagens und Denkens, vor allem **to forget, to guess, to know, to promise, to remember, to tell** und **to try** stehen allein.

- Peter was one of the best students to pass the exam. Yes, I **know**.
- Do you think you will pass the exam? - I don't know, but I will **try**.

In kurzen Antworten nach **to be, to have** und **to do** steht auch im Deutschen meist kein *es*.

- Are you happy? - Yes, I **am**.
- Has he got a new car? No, he **hasn't.**

Im Deutschen weist *es* oder *daran, davon* auf einen folgenden Objektsatz oder Infinitiv, im Englischen bleibt dies unübersetzt.

- I do not doubt *that Peter will pass the exam.*
  (Ich zweifle nicht **daran,** *daß Peter die Prüfung bestehen wird.)*

Die unpersönliche Ausdrucksweise ist im Englischen viel weniger häufig als im Deutschen. Das Englische bevorzugt, wo immer möglich, die persönliche Ausdrucksweise.

- Shut the window please, **I am cold**.
- Don't worry about me, **I am very well.**

• **I am glad**	(es freut mich)	• **I succeed in**	(es gelingt mir)
• **I am cold, warm**	(es ist mir kalt, warm)	• **I fail**	(es gelingt mir nicht)
• **I am (un)well**	(es geht mir (nicht) gut)	• **I like**	(es gefällt mir)
• **I am sorry**	(es tut mir leid)	• **I want**	(es fehlt mir an)

Das Reflexivpronomen (The Reflexive Pronoun)

Das Reflexivpronomen (rückbezügliches Fürwort) bezieht sich „zurück" auf das Subjekt, d. h. Reflexivpronomen und Subjekt bezeichnen dieselbe Person.

Person/ Genus	1. Pers. Sing.	2. Pers. Sing.	3. Pers. Sing.	1. Pers. Plur.	2. Pers. Plur.	3. Pers. Plur.
mask.	**myself**	**yourself**	**himself**	**ourselves**	**yourselves**	**themselves**
fem.			**herself**			
neutr.	-	-	**itself**	-	-	-
	-	-	**oneself**	-	-	-

Neben den reflexiven Verben, die immer mit einem Reflexivpronomen stehen, kann das Reflexivpronomen noch in den folgenden Fällen verwendet werden.

Hervorhebung

Das Reflexivpronomen kann zur Hervorhebung von Personen oder Sachen stehen. Ist die hervorzuhebende Person bzw. Sache ein Personalpronomen, entfällt dieses.
Das Reflexivpronomen steht unmittelbar nach dem hervorzuhebenden Wort. Ist dieses Wort Subjekt, so kann das Reflexivpronomen auch am Satzende stehen.

- *Peter* and **(I) myself** were washing the car.
  (Peter und **ich** wuschen das Auto.)
- *The house* **itself** is nice, but the colour is ugly.
  (Das Haus **selbst** ist schön, aber die Farbe ist häßlich.)
- *My little sister* has done this work **herself.**
  (Meine kleine Schwester hat diese Arbeit **ganz allein** gemacht.)

Vergleich

In Vergleichen steht das Reflexivpronomen statt des Personalpronomens, besonders nach **as, than** und **like.**

- Peter likes doing those things more *than* **myself.**
  (Peter macht solche Sachen lieber *als* **ich.**)

Aufzählungen

In Aufzählungen steht das Reflexivpronomen statt des Personalpronomens, besonders nach **and** und **or.**

- *Peter, Mary and* **myself** were washing the car.
  (*Peter, Mary und* **ich** wuschen das Auto.)

Präpositionen

Das Reflexivpronomen steht auch nach Präpositionen. Nach den Präpositionen des Ortes steht in der Regel das Personalpronomen, das Reflexivpronomen steht nur zur Hervorhebung.

- I saw Peter speaking *to* **himself.**
  (Ich sah Peter *mit* **sich selbst** sprechen.)
- He placed the chair *behind* **him**.
  (Er stellte den Stuhl *hinter* **sich**.)
- I don't want to be left all *by* **myself**.
  (Ich möchte nicht **ganz allein** gelassen werden.)

Das unbestimmte Reflexivpronomen oneself

Das Reflexivpronomen **oneself** bezieht sich auf ein unbestimmtes Subjekt (**one**).

- There are some things *one* cannot do by **oneself.**
  (Es gibt einige Dinge, die *man* nicht **selbst** machen kann.)

Das Reziprokpronomen (The Reciprocal Pronoun)

Die Reziprokpronomen (Fürwort der Gegen-, Wechselseitigkeit) **each other, one another** drücken die Gegenseitigkeit, Wechselseitigkeit aus (einander, gegenseitig).
Diese Pronomen beziehen sich nur auf mehrere Personen.

Each other

Es bezieht sich auf zwei Personen(gruppen) und steht nach dem Verb.
Präpositionen treten immer vor, nicht zwischen das Pronomen.

- The *two presidents* shook hands *with* **each other**.
  (Die *zwei Präsidenten* schüttelten **einander** die Hand.)
- *Mary and Peter* love **each other**.

One another

Es bezieht sich auf mehrere Personen(gruppen) und steht nach dem Verb.
Präpositionen treten immer vor, nicht zwischen das Pronomen.

- *They* helped **one another**.
  (*Sie* halfen **einander**.)
- *We* all talked *to* **one another** on the phone.

Das Possessivpronomen (The Possessive Pronoun)

Das Possessivpronomen (besitzanzeigendes Fürwort) drückt ein Besitzverhältnis aus.

Das substantivische Possessivpronomen (The Possessive Pronoun)

Person/ Genus	1. Pers. Sing.	2. Pers. Sing.	3. Pers. Sing.	1. Pers. Plur.	2. Pers. Plur.	3. Pers. Plur.
mask.			**his**			
fem.	**mine**	**yours**	**hers**	**ours**	**yours**	**theirs**
neutr.			**its own**			

Possessivpronomen + of

Das Possessivpronomen wird mit **of** an Substantive angeschlossen, wenn vor diesen der unbestimmte Artikel, ein Indefinitpronomen oder Demonstrativpronomen steht.

- He is *a friend of* **mine**.
  (Er ist *ein Freund von* **mir**.)
- *This friend of* **mine** is very reliable.
- I don't have *any books of* **yours**.

Possessivpronomen in Verbindung mit to be

Das Possessivpronomen steht in Verbindung mit **to be** in der Bedeutung *gehören*.
Diese Art der Formulierung ist weniger nachdrücklich als **to be** + attributives Possessivpronomen + **own**.

- The book on the table *is* **mine**.
  (Das Buch auf dem Tisch *gehört* **mir**.)
  (This *is* **my** book.)
- I found a bag under the table. *Is* it **yours**?

Anstelle zweier attributiver Possessivpronomen

Das Possessivpronomen steht mit **and** nach einem attributiven Possessivpronomen + Substantiv, um die Wiederholung zweier attributiver Possessivpronomen zu vermeiden.

- *Your brother and* **mine** are classmates.
  (**Your** *brother* and **my** *brother* are classmates.)

Das Possessivpronomen yours

Das Possessivpronomen **yours** ist das Anredepronomen für eine bzw. mehrere Personen, die man duzt (dein bzw. euer) oder siezt (Ihr).
Es steht häufig in Schlußformeln von Briefen.

- This friend of **yours** is very reliable.
  (**Dein/euer/Ihr** Freund ist sehr zuverlässig.)
- My brother and **yours** are classmates.
- **Yours** truly
  (Hochachtungsvoll)

Das attributive Possessivpronomen (The Possessive Adjective)

Person/ Genus	1. Pers. Sing.	2. Pers. Sing.	3. Pers. Sing.	1. Pers. Plur.	2. Pers. Plur.	3. Pers. Plur.
mask.			**his**			
fem.	**my**	**your**	**her**	**our**	**your**	**their**
neutr.			**its**			

Körperteile, Kleidungsstücke

Das attributive Possessivpronomen steht bei Körperteilen und Kleidungsstücken sowie Wörtern wie **house, bicycle, car, work, life, mind**, die zum Subjekt gehören. Gehört der Körperteil, das Kleidungsstück zum Objekt oder zum Subjekt eines Passivsatzes, so steht der bestimmte Artikel und nicht das attributive Possessivpronomen.
Im Deutschen steht in allen Fällen vorzugsweise der bestimmte Artikel.

- *He* put **his** *hands* in **his** *pockets*.
  (*Er* steckte **die** *Hände* in **die** *Hosentaschen*.)
- He took *her* recklessly by **the** *arm*.
- *I was hit on* **the** *head* with a very sharp object.

Hervorhebung mit own

Es steht zur Hervorhebung in Verbindung mit **own** (eigen, selbst (ohne fremde Hilfe)).
In der Regel steht **own** vor dem Substantiv.
Es tritt allerdings hinter das Substantiv, wenn vor diesem der unbestimmte Artikel, kein Artikel, ein Zahlwort oder Indefinitpronomen steht.

- I live in **my own** house.
  (Ich wohne in **meinem eigenen** Haus.)
- I repair **my own** *car*.
  (Ich repariere **meinen** *Wagen* **selbst**.)
- I have *a* car *of* **my own.**
- I have *two* bikes of **my own**.
- I have *no* car of **my own**.

Das Demonstrativpronomen (The Demonstrative Pronoun)

Das Demonstrativpronomen (hinweisendes Fürwort) weist auf bestimmte Personen oder Sachen.
Es kann substantivisch (demonstrative pronoun) oder attributiv (demonstrative adjective) verwendet werden, ohne daß sich seine Form dadurch ändert.

Numerus	Pers.	this	that	such
Singular	3	**this**	**that**	**such**
Plural	3	**these**	**those**	**such**

	this	that
Zur Bezeichnung des Näherliegenden/ Fernerliegenden	**This** weist in Gegenüberstellungen auf eine bestimmte näherliegende Person oder Sache, **these** auf mehrere.	**That** weist in Gegenüberstellungen auf eine bestimmte fernerliegende Person oder Sache, **those** auf mehrere.
	• Can you see **these** *books over here*? - Can you give me **this** *book*? (Siehst du **diese** *Bücher da*? - Kannst du mir **dieses** *Buch* geben?)	• Can you see **those** *books over there*? - Can you give me **that** *book*? (Siehst du **jene** *Bücher dort*? - Kannst du mir **jenes** *Buch* geben?)

	this	that	such
Zur Bezeichnung des Folgenden/ zuvor Genannten	**This** weist auf einen folgenden Sachverhalt, **these** auf mehrere.	**That** weist auf einen zuvor genannten oder als bekannt vorausgesetzten Sachverhalt, **those** auf mehrere.	**Such** weist auf etwas bereits Genanntes, Bekanntes. Bezüglich des Folgenden steht **such as** (wie zum Beispiel) häufig vor Aufzählungen.
	• Please remember **this**: We have to pick up Frances at 7 p.m.	• You lent Peter $ 1,000 half a year ago. I didn't know **that**.	• If I should have offended you, **such** was not my intention. • He has already been to a lot of countries **such as** the USA, Great Britain, Japan.

	this	that
In Verbindung mit dem Stützwort **one**	In Bezug auf eine vorher erwähnte Person (in der Nähe) muß **this** mit dem Stützwort **one** stehen. In Bezug auf eine vorher erwähnte (zählbare) Sache (in der Nähe) kann **one** entfallen. **This is/was** steht immer ohne **one,** auch in Bezug auf Personen. **These** steht immer ohne **one**.	In Bezug auf eine vorher erwähnte Person (in der Ferne) muß **that** das Stützwort **one** erhalten. In Bezug auf eine vorher erwähnte (zählbare) Sache (in der Ferne) kann **one** entfallen. **That is/was** steht immer ohne **one,** auch in Bezug auf Personen. **Those** steht immer ohne **one**.
	• That *girl* is younger than **this** *one.* • I like that *book* much more than **this** *(one).* • Those *books* are much better than **these**.	• This *girl* is younger than **that** *one.* • I like this *book* much more than **that** *(one).* • These *books* are much better than **those**.
Zur Bezeichnung des Gegenwärtigen/ Vergangenen	**This** weist auf einen Vorgang in der Gegenwart oder (beim present perfect) auf einen Vorgang, der in der Vergangenheit begonnen hat und bis in die Gegenwart andauert, **these** auf mehrere.	**That** weist auf einen Vorgang in der Vergangenheit hin, **those** auf mehrere.
	• Have you already seen Mr Smith **this** *morning*? • **These** *last three years* have been very hard.	• On **that** *day*, the criminal was arrested. • **Those** *three years* were very hard.

	such	
In der Bedeutung von **much**	**Such** kann auch in der Bedeutung von **much** verwendet werden.	• We had **such** fun. (Wir hatten einen **Riesen**spaß, **so viel** Freude.)

Das Determinativpronomen (The Determinative Pronoun)

Das Determinativpronomen (bestimmendes Fürwort) weist auf folgende Personen oder Sachen oder einen folgenden Satz hin.

Das substantivische Determinativpronomen (The Determinative Pronoun)

Das substantivische Determinativpronomen weist auf einen unmittelbar folgenden Relativsatz, einen of-Genitiv oder es vertritt ein kurz zuvor genanntes Substantiv.

Nu.	Pers.	Genus	**that of**	**the one**	**(he) who**	**the one who**
Sing.	3	mask.	**that of**	**the one**	**(he) who**	**the one who**
		fem.			**(she) who**	**the one who**
		neutr.			**(that) which, what**	**the one (which)**
Plur.	3	mask.	**those of**	**the ones, those**	**(they) who, (those) who**	**the ones who**
		fem.			**(they) who, (those) who**	**the ones who**
		neutr.			**(those) which**	**the ones (which)**

	that of	**the one**
Stellvertretend für Personen und Sachen	**That of** steht stellvertretend für eine Person oder Sache, **those of** für mehrere. Für Personen kann statt **of** auch der possessive case stehen.	**The one** steht stellvertretend für eine Person oder Sache aus einer Gruppe, **the ones, those** für mehrere.
	• *Your father* is much nicer than **that of** Mary. *Your father* is much nicer than **Mary's.** • *Your classrooms* are much bigger than **those of** our school.	• *Which boy* is your son? - **The one** with the black jacket on. • *Which books* do you prefer? - I prefer **the ones/those** I read first.

	he who	the one who
Bezüglich eines folgenden Relativsatzes	**He who** bzw. **she who** vertreten eine männliche bzw. weibliche Person, **they who**, **those who** mehrere. Sie leiten einen folgenden Relativsatz ein. **That which** vertritt eine Sache, **those which** mehrere. Statt **he, she who** steht, vor allem in der modernen Sprache, nur **who,** für **that which** steht meist **what.**	**The one who** vertritt eine zuvor genannte, bestimmte Person, **the ones who** mehrere. Sie leiten einen folgenden Relativsatz ein. **The one which** vertritt eine zuvor genannte, bestimmte Sache, **the ones which** mehrere. **Which** kann auch weggelassen werden.
	• **He who** laughs last laughs best. **Who** laughs last laughs best. • **They who** laugh last laugh best. • Never trust to another **what (that which)** you can do yourself.	• *Peter* was **the one who** solved the problem. • *Action films* are **the ones (which)** I like best.

Das attributive Determinativpronomen (The Determinative Adjective)

Das attributive Determinativpronomen steht unmittelbar bei dem näher zu bestimmenden Substantiv.

Nu.	Pers.	Genus	that (who)	the (who)
Singular	3	maskulin feminin	**that (who)**	**the (who)**
		neutrum	**that (which)**	**the (which)**
Plural	3	maskulin feminin	**those (who)**	**the (who)**
		neutrum	**those (which)**	**the (which)**

	that (who)	the (who)
Zur Bezeichnung von Personen und Sachen	**That who** bezieht sich auf eine näher zu bestimmende Person, **those who** auf mehrere. **That which** bezieht sich auf eine näher zu bestimmende Sache, **those which** auf mehrere. **That, those (who, which)** klingt bestimmter als **the (who, which).** **Who** und **which** können, sofern das Verb **to be** folgt, weggelassen werden.	**The who** bezieht sich auf eine oder mehrere zu bestimmende Personen. **The which** bezieht sich auf eine oder mehrere zu bestimmende Sachen. **The (who, which)** klingt allgemeiner als **that, those (who, which).** **Who** und **which** können, sofern das Verb **to be** folgt, weggelassen werden.
	• **That** *boy* **who** is wearing the blue jacket is my son. • Who are **those** *boys* (**who** *are*) playing in the garden? • **That** *money* (**which** *is*) lying on the table is mine. • **Those** *wine glasses* **(which** *are)* on the top shelf are made of crystal.	• **The** *boy* **who** is wearing the blue jacket is my son. • Who are **the** *boys* **(who** *are)* playing in the garden? • **The** *money* **(which** *is)* lying on the table is mine. • **The** *wine glasses* **(which** *are)* on the top shelf are made of crystal.

Das Relativpronomen (The Relative Pronoun)

Das Relativpronomen (bezügliches Fürwort) bezieht sich auf unmittelbar vorausgehende Substantive, die Subjekt, indirektes oder direktes Objekt sind oder im possessive case stehen. Es leitet einen Nebensatz, den sogenannten Relativsatz ein.

Pron.	Nu.	Pers.	Genus	Subjekt	Possessive Case	Indirektes Objekt	Direktes Objekt
who	Sing.	3	mask.	**who**	**whose**	**whom (who)**	**whom (who)**
			fem.	**who**	**whose**	**whom (who)**	**whom (who)**
	Plur.	3	mask.	**who**	**whose**	**whom (who)**	**whom (who)**
			fem.	**who**	**whose**	**whom (who)**	**whom (who)**
which	Sing.	3	mask.	-	**whose**	-	-
			fem.	-	**whose**	-	-
			neutr.	**which**	**of which, whose**	**which**	**which**
	Plur.	3	mask.	-	**whose**	-	-
			fem.	-	**whose**	-	-
			neutr.	**which**	**of which, whose**	**which**	**which**
that	Sing.	3	mask.	**(that)**	-	**(that)**	**(that)**
			fem.	**(that)**	-	**(that)**	**(that)**
			neutr.	**that**	-	**that**	**that**
	Plur.	3	mask.	**(that)**	-	**(that)**	**(that)**
			fem.	**(that)**	-	**(that)**	**(that)**
			neutr.	**that**	-	**that**	**that**
whoever							
whichever							
what, whatever							
when, whenever							
where, wherever							
however							

	who	whom
Bezüglich des Subjekts/ Objekts	**Who** bezieht sich auf eine oder mehrere beliebige Personen, die Subjekt sind. In der Umgangssprache steht **who** häufig statt **whom** auch für Objekte. Präpositionen, die zum Verb gehören, bleiben beim Verb.	**Whom** bezieht sich auf eine oder mehrere beliebige Personen, die indirektes oder direktes Objekt sind. Präpositionen, die zum Verb gehören, treten vor **whom**. In der Umgangssprache können die Präpositionen auch beim Verb stehen.
	• *The boy* **who** was always playing with Peter has been taken to the hospital. (*Der Junge,* **der** immer mit Peter spielte, ...) • *The man* **who** we saw this morning had been arrested. (*Der Mann,* **den** wir heute morgen sahen, ...) • *The man* **who** you were *talking to* this morning had been arrested.	• *The man* **whom** we saw this morning had been arrested. (*Der Mann,* **den** wir heute morgen sahen, ...) • *The man to* **whom** you were *talking* this morning had been arrested. • The man **whom** you were *talking to* this morning had been arrested.

	who	which	that
Bezüglich Personen und Sachen aus einer Gruppe	**Who** bezieht sich auf eine oder mehrere Personen aus einer Gruppe, die Subjekt sind. Es ist jede einzelne Person gemeint.	**Which** bezieht sich auf eine oder mehrere bestimmte Sachen aus einer Gruppe, die Subjekt oder Objekt sind. Es kann eine Gruppe von Personen bezeichnen, wenn an die Gruppe als solche gedacht ist. **Which** klingt förmlicher als **that**.	**That** bezieht sich auf eine oder mehrere bestimmte Personen oder Sachen aus einer Gruppe, die Subjekt oder Objekt sind. Bei Personen wird **who** bzw. **whom** in der modernen Sprache bevorzugt. **That** steht vor allem nach **every-, some-, anything, nothing, any-, somebody, nobody, no one, all, much, little, few** und nach Superlativen wie **the first, the last, the only.** Präpositionen stehen nie vor **that,** sondern beim Verb.

who	which	that
• *The boy* **who** was always playing with Peter has been taken to the hospital. • *The football team* **who** won the World Cup were given a warm welcome.	• Give me *the book* **which** I bought yesterday. • They welcomed *the football team* **which** won the World Cup. • I will buy *the first book* **which** you showed me.	• I will buy *the first book* **that** you showed me. • *The boy* **that** was always playing with Peter has been taken to the hospital. • This is *the book* **that** I have been *talking about.*

Zur Bezeichnung des Besitzverhältnisses

whose	of which
Whose bezeichnet ein Besitzverhältnis, wobei der Besitzer eine oder mehrere Personen ist.	**Of which** bezeichnet ein Besitzverhältnis, wobei der „Besitzer" eine oder mehrere Sachen oder Tiere ist. **Of which** klingt oft schwerfällig und wird daher häufig auch bei Sachen durch **whose** ersetzt.
• *The man* **whose** name nobody knows. (*Der Mann*, **dessen** Namen niemand kennt.) • *The women* **whose** children died very young.	• *The cars* the motors **of which** had been exchanged run well now. (*Die Autos*, **deren** Motoren ausgetauscht wurden, fahren nun gut.) • *The cars* **whose** motors had been exchanged run well now.

Bezüglich eines Satzinhalts

which	what
Es bezieht sich auf einen vorangehenden Satz(inhalt) und wird stets durch Komma abgetrennt.	Es bezieht sich auf einen folgenden Satz(inhalt).
• He behaves like a fool, **which** really annoys me. (Er benimmt sich wie ein Verrückter, **was** mich wirklich ärgert.)	• **What** she said was the whole truth. (**(Das) was** sie sagte, war die ganze Wahrheit.)

	whoever	whichever	whatever
Zur Bezeichnung unbestimmter Personen/Sachen	**Whoever** bezeichnet eine oder mehrere unbestimmte Personen.	**Whichever** bezeichnet eine oder mehrere unbestimmte Sachen aus einer Gruppe.	**Whatever** bezeichnet eine unbestimmte Sache oder einen allgemeinen, folgenden Sachverhalt.
	• **Whoever** did that will not be punished.	• All of these cars are beautiful **whichever** you may buy.	• Don't believe her **whatever** she might say.

	whenever	wherever	however
Zur Bezeichnung der Zeit/ des Ortes/ der Art und Weise	**Whenever** bezeichnet einen unbestimmten Zeitpunkt, Zeitraum.	**Wherever** bezeichnet einen unbestimmten Ort.	**However** bezeichnet die unbestimmte Art und Weise.
	• Come and see me **whenever** you like.	• Have a rest **wherever** you like.	• You can write the story **however** you wish.

	when	where	that
Nach Zeit-/Ortsangaben	**When** leitet Relativsätze ein, die auf Zeitangaben folgen.	**Where** leitet Relativsätze ein, die auf Ortsangaben folgen.	**That** leitet Relativsätze ein, die auf Zeitangaben folgen. Es kann jedoch nur bei notwendigen Relativsätzen verwendet werden und wird dann auch häufig weggelassen.
	• This is *the year* **when** my mother was born.	• This is *the house* **where** my mother was born.	• *Every time* **(that)** he is in London he stays at the 'Excelsior'.

Das Interrogativpronomen (The Interrogative Pronoun)

Das Interrogativpronomen (Fragefürwort) leitet Fragesätze ein und fragt nach Personen oder Sachen, die Subjekt, indirektes oder direktes Objekt sind oder die im possessive case stehen.
Es kann substantivisch (interrogative pronoun) oder attributiv (interrogative adjective) verwendet werden.

Pron.	Nu.	Pers.	Genus	Subjekt	Posses-sive Case	Indirektes Objekt	Direktes Objekt
who	Sing.	3	mask.	**who**	**whose**	**whom (who)**	**whom (who)**
			fem.	**who**	**whose**	**whom (who)**	**whom (who)**
	Plur.	3	mask.	**who**	**whose**	**whom (who)**	**whom (who)**
			fem.	**who**	**whose**	**whom (who)**	**whom (who)**
which	Sing.	3	mask.	**which**	-	**which**	**which**
			fem.	**which**	-	**which**	**which**
			neutr.	**which**	-	**which**	**which**
	Plur.	3	mask.	**which**	-	**which**	**which**
			fem.	**which**	-	**which**	**which**
			neutr.	**which**	-	**which**	**which**
what	Sing.	3	mask.	**what**	-	**what**	**what**
			fem.	**what**	-	**what**	**what**
			neutr.	**what**	-	**what**	**what**
	Plur.	3	mask.	**what**	-	**what**	**what**
			fem.	**what**	-	**what**	**what**
			neutr.	**what**	-	**what**	**what**
how							
when							
where							
why							

In Fragen nach dem Subjekt/Objekt

who	whose	whom
Who ist substantivisches Interrogativpronomen und fragt nach einer oder mehreren beliebigen Personen, die Subjekt sind. In der Umgangssprache fragt **who** häufig statt **whom** auch nach Objekten. Präpositionen, die zum Verb gehören, müssen erhalten bleiben, sie treten hinter das Verb oder an das Satzende.	**Whose** ist attributives Interrogativpronomen und fragt nach einer oder mehreren beliebigen Personen und Sachen im possessive case. Es fragt nach dem Besitzer. **Whose** steht in Verbindung mit **to be** in der Bedeutung *gehören*.	**Whom** ist substantivisches Interrogativpronomen und fragt nach einer oder mehreren beliebigen Personen, die indirektes Objekt oder direktes Objekt sind. Präpositionen, die zum Verb gehören, treten vor **whom**. In der Umgangssprache können die Präpositionen auch hinter das Verb treten.
• **Who** wrote this letter? (**Wer** schrieb diesen Brief?) • **Who** did you see in this room? (**Wen** hast du in diesem Zimmer gesehen?) • **Who** did you *talk to*? (*Mit* **wem** hast du gesprochen?) • **Who** did you *give* this letter *to*?	• **Whose** *wife* have you seen this morning? (**Wessen** *Frau* hast du heute morgen gesehen?) • **Whose** *book is* this? (**Wem** *gehört* dieses Buch?)	• **Whom** did you see in this room? (**Wen** hast du in diesem Zimmer gesehen?) • **Whom** did you give the money? (**Wem** hast du das Geld gegeben?) • *To* **whom** did you *talk*. • **Whom** did you *talk to*?

In Fragen nach bestimmten Personen und Sachen aus einer Gruppe

which	what
Which ist attributives Interrogativpronomen und fragt nach einer oder mehreren bestimmten Personen oder Sachen aus einer Gruppe.	**What** ist substantivisches und attributives Interrogativpronomen und fragt nach einer oder mehreren Personen oder Sachen ganz allgemein. Zum Verb gehörende Präpositionen bleiben erhalten, sie treten hinter das Verb oder an das Satzende.
• **Which** *boy* (among these three) is your son? (**Welcher** *Junge* (unter diesen drei) ist Ihr Sohn?) • **Which** *book* (among these three) did you read?	• **What** *people* do things like this? (**Was für** *Leute* machen solche Sachen?) • **What** *book* did you read? • **What** are you *looking for*? (**Wonach** suchst du?)

	what	how
In Fragen nach der Eigenschaft/ Art und Weise	In Fragen nach der Eigenschaft, Beschaffenheit, dem Aussehen, der Größe etc. **What** steht dabei in Verbindung mit **to be** oder in Konstruktionen wie **what kind, sort of, what does ... look, smell, taste** etc. **like**. Im Deutschen steht hier häufig ein Adjektiv + *wie*.	In Fragen nach der Art und Weise. Es kann statt **what** in Verbindung mit Adjektiven stehen, und es muß bei Adverbien und bei **much** und **many** stehen.
	• **What** *colour is* the book? (**Welche** *Farbe* hat dieses Buch?) • **What** *is* your age? (**Wie alt** bist du?) • **What** *kinds of books* do you like best? • **What** *does* this cake *taste like*? • **What** *is* she *like*? (**Wie** *ist sie*?)	• **How** do I get to Buckingham Palace? (**Wie** komme ich zum Buckingham Palast?) • **How** *old* are you? • **How** *often* did you see the film? • **How** *many* books did you buy? • **How** is she? (**Wie** geht es ihr?)

	when	where
In Fragen nach der Zeit/dem Ort	In Fragen nach der Zeit.	In Fragen nach dem Ort. Präpositionen können nicht vor **where** stehen, sie stehen nach dem Verb. Die Präposition **to** wird häufig weggelassen.
	• **When** will you meet him? • **When** will you arrive?	• **Where** do you go (*to*)? • **Where** do you *come from*?

	why	
In Fragen nach dem Grund	In Fragen nach dem Grund.	• **Why** don't you go home? • **Why** are you late?

Die Indefinitpronomen (The Indefinite Pronouns)

Die Indefinitpronomen (unbestimmte Fürwörter) bezeichnen unbestimmte Personen oder Sachen.

Some und any

Mit **some** wird etwas tatsächlich Vorhandenes oder etwas, das als vorhanden angesehen wird bezeichnet, während mit **any** das Vorhandensein verneint oder bezweifelt wird.
Daher steht **some** überwiegend in bejahten Sätzen und **any** in verneinten Sätzen, in Frage- und Bedingungssätzen.

	some	**any**
Zur Bezeichnung unbestimmer Personen, Sachen	Es ist substantivisches und attributives Indefinitpronomen und steht in bejahten Sätzen zur Bezeichnung einer unbestimmten Person oder (zählbaren) Sache (irgendeiner).	Es ist substantivisches und attributives Indefinitpronomen und steht in verneinten, fragenden Sätzen und in Bedingungssätzen zur Bezeichnung einer unbestimmten Person oder (zählbaren) Sache (keiner).
	• **Some** *boy* came running up the street and asked for Peter. ((**Irgend)ein** *Junge* kam die Straße hochgerannt und fragte nach Peter.) • I have **some** *money* to pay the bill. (Ich habe **etwas** *Geld*, um die Rechnung zu bezahlen.)	• Peter and Mary *haven't got* **any** *friends.* (Peter und Mary haben **keine** *Freunde.*) • Do you have **any** *money* to pay the bill? (Hast du **etwas** *Geld*, um die Rechnung zu bezahlen?)
Zur Bezeichnung beliebiger Personen, Sachen		In bejahten Sätzen zur Bezeichnung einer beliebigen Person, Sache (jeder beliebige, gleichgültig welcher).
		• **Any** *person* can do this work. • **Any** *of the cars* will do for me.
Zur Bezeichnung einer unbestimmten Anzahl	In bejahten Sätzen zur Bezeichnung einer unbestimmten Anzahl von Personen oder (zählbaren) Sachen (einige, manche).	In verneinten und fragenden Sätzen und in Bedingungssätzen zur Bezeichnung einer unbestimmten Anzahl von Personen oder (zählbaren) Sachen (ein paar, irgendwelche; keine)

	some	any
	• **Some** *children* came running up the street and asked for Peter. • **Some** *books* of this author are really difficult to understand.	• Have you seen **any** *children* standing in front of the cinema? • Are there **any** *biscuits* on the table in the living-room? - I can't see **any**.
Zur Bezeichnung einer unbestimmten Menge	In bejahten Sätzen zur Bezeichnung einer unbestimmten Menge (nicht zählbarer Substantive) (etwas).	In verneinten, fragenden Sätzen und in Bedingungssätzen zur Bezeichnung einer unbestimmten Menge (nicht zählbarer Substantive) (etwas; nichts).
	• Now, I have **some** *time* to help you.	• If I had **any** *time*, I would help you.
Im verneinten Satz zur Bezeichnung des tatsächlich Vorhandenen	Im verneinten Satz, wenn auf etwas tatsächlich Vorhandenes hingewiesen oder, besonders nach **without**, wenn die Bedeutung der Aussage insgesamt positiv ist.	**Any** steht besonders nach **hardly, scarcely** und **without**, wenn die Bedeutung der Aussage insgesamt negativ ist.
	• We shouldn't visit her *without* **some** presents to give to her.	• They visited her *without* **any** presents to give to her.
Im Fragesatz	Im Fragesatz zum Ausdruck einer höflichen Frage, Einladung, besonders wenn eine bejahte Antwort erwartet wird.	Im Fragesatz steht überwiegend **any** und besonders, wenn eine verneinte Antwort erwartet wird oder wenn die Antwort unsicher ist.
	• May I have **some** more tea? - (Yes, you may.) • Would you like **some** more tea?	• May I have **any** more biscuits? - (No, you may not.) • Do you have **any** more biscuits?
Im Bedingungssatz	Im Bedingungssatz zum Ausdruck eines Wunsches oder einer erfüllbaren Bedingung.	Im Bedingungssatz steht überwiegend **any** und besonders wenn die Bedingung nicht erfüllbar ist oder scheint.
	• If only we had **some** money to pay the rent with. • If we bought **some** presents for her, we might be invited.	• If you had **any** self-respect, you wouldn't have done that. • If I had **any** money, I would pay the rent.

	some	any
Vor Zahlwörtern/ Komparativen	Vor Zahlwörtern steht **some** in der Bedeutung *etwa, ungefähr.*	Vor Komparativen steht in der Regel **any**. Im Deutschen bleibt es häufig unübersetzt.
	• I waited **some** *ten* minutes before the bus came.	• Can't you drive **any** *faster*? (Kannst du nicht **(etwas, ein bißchen)** *schneller* fahren?) • Can you come **any** *earlier*?

Wie **some** und **any** werden auch ihre Zusammensetzungen (**some-, anybody, some-, anyone, some-, anything, some-, anywhere** etc.) verwendet.

Every und each

	every	each
Zur Bezeichnung „jeder" Person, Sache	Es ist attributives Indefinitpronomen und steht zur Bezeichnung „jeder" Person oder Sache ohne Ausnahme (jeder). **Every** wird im Deutschen oft auch durch den Ausdruck *alle* wiedergegeben. Im Gegensatz zu **all**, das die Gesamtheit bezeichnet, bezeichnet **every** mehr den einzelnen.	Es ist substantivisches und attributives Indefinitpronomen zur Bezeichnung „jeder einzelnen" Person oder Sache aus einer Gruppe (jeder). **Each** wird oft mit **of** + Pronomen verwendet.
	• **Every** *child* has to go to school. • He has collected **every** *disc* of this group. (Er hat **jede** *Platte*, **alle** *Platten* dieser Gruppe gesammelt.)	• We **each** had £ 50 to spend. (**Jeder** *von uns* hatte 50 Pfund zum Ausgeben.) • He spoke to **each** *of us*.
In der Bedeutung *je, pro*		Nachgestelltes **each** steht in der Bedeutung *je, pro.*
		• The price of these books is 20 pounds **each**.

Wie **each** und **every** werden auch ihre Zusammensetzungen (**everyone, each one, everybody, everything, everywhere** etc.) verwendet.

All und whole

	all	whole
Zur Bezeichnung „aller“ Personen, Sachen	Es ist substantivisches und attributives Indefinitpronomen und bezeichnet „alle“ Personen oder Sachen (alle) und bezieht sich auf zählbare Substantive im Plural.	
	• **All** *inhabitants* of the village were killed in the earthquake. • **All** *cars* of this class cost more than $ 50,000.	
Zur Bezeichnung der Gesamtheit	Es bezeichnet die Gesamtheit, das ungeteilte Ganze und bezieht sich auf Substantive im Singular (ganz, alles).	Es ist substantivisches und attributives Indefinitpronomen und bezeichnet die Gesamtheit, das ungeteilte Ganze und bezieht sich auf Substantive im Singular (ganz). **Whole** betont die Gesamtheit stärker als **all**. Bei Eigennamen steht **the whole + of**.
	• He worked **all** *day* long from nine to five. • **All** I know is that he saw her last week.	• He worked the **whole** *day* from nine to five. • **The whole of** *Great Britain* was shocked by this news.

Much und many

	much	many
Große Menge/ Anzahl nicht zählbarer/ zählbarer Substantive	Es ist substantivisches und attributives Indefinitpronomen und bezeichnet eine große Menge nicht zählbarer Substantive im Singular (viel) und steht in der modernen Sprache überwiegend im verneinten und fragenden Satz. Es steht auch bei **money**, (obwohl Geld zählbar ist), da hier an die Gesamtheit gedacht wird und nicht an jede Münze oder jeden Geldschein.	Es ist substantivisches und attributives Indefinitpronomen und bezeichnet eine große Anzahl zählbarer Substantive im Plural (viele) und steht in der modernen Sprache überwiegend im verneinten und fragenden Satz.

	much	many
	• There is not **much** *time* to catch the train. • He hasn't got **much** *money*.	• She hasn't got **many** *friends*. • How **many** *discs* has she collected?
Im bejahten Satz	Im bejahten Satz steht es nur, wenn es mit Ausdrücken wie **as, so, too, how,** dem bestimmten Artikel oder einem Komparativ verbunden ist, oder wenn es selbst Subjekt oder Teil dessen ist, d. h. auf **much** folgt kein anderes Subjekt. In allen anderen Fällen wird **much** im bejahten Satz vorzugsweise durch folgende Ausdrücke ersetzt: • **a great, large amount of** • **a great, good deal of** • **a lot of, lots of** • **plenty of**	Im bejahten Satz steht es nur, wenn es mit Ausdrücken wie **as, so, too, how,** dem bestimmten Artikel oder einem Komparativ verbunden ist, oder wenn es selbst Subjekt oder Teil dessen ist, d. h. auf **many** folgt kein anderes Subjekt. In allen anderen Fällen wird **many** im bejahten Satz vorzugsweise durch folgende Ausdrücke ersetzt: • **a great, large number of** • **a lot of, lots of** • **plenty of**
	• In this rain, it is **much** *better* to wait until the taxi comes. • They spent **a lot of** *money* on this future project.	• **Many of** *their neighbours* own their houses. • Peter is very popular. He has **a lot of** *friends*.

Little und few

	little	few
Zur Bezeichnung einer geringen Menge/ Anzahl	Es ist substantivisches und attributives Indefinitpronomen und bezeichnet eine geringe Menge nicht zählbarer Substantive im Singular (wenig). In Verbindung mit dem unbestimmten Artikel (**a little**) steht es in der Bedeutung *ein wenig, etwas*. Statt **little** wird, vor allem in der Umgangssprache, eher **hardly any, not much** oder **much** mit einem verneinten Verb eingesetzt.	Es ist substantivisches und attributives Indefinitpronomen und bezeichnet eine geringe Anzahl zählbarer Substantive im Plural (wenige). In Verbindung mit dem unbestimmten Artikel (**a few**) steht es in der Bedeutung *einige, ein paar.* Statt **few** wird, vor allem in der Umgangssprache, eher **hardly any, not many** oder **many** mit einem verneinten Verb eingesetzt.

little	few
• She gave me **little** *advice.* • I have very **little** *time.* • I *don't have* **much** *time.*	• Only **a few** *biscuits* were left. • We have too **few** *holidays.* • I *don't have* **many** *friends.*

Other und another

Zur Bezeichnung „anderer" Personen, Sachen

other	another
Es ist substantivisches und attributives Indefinitpronomen und bezeichnet eine oder mehrere „andere" Personen oder Sachen oder, in Verbindung mit dem bestimmten Artikel, „die andere(n)" Person(en) oder Sache(n) (anderer, der andere). Stellvertretend für ein vorangehendes, bestimmtes Substantiv im Singular steht **the other one**, für ein Substantiv im Plural steht **the other ones**.	Es ist substantivisches und attributives Indefinitpronomen und bezeichnet eine „andere, weitere" Person oder Sache im Singular (ein anderer, noch einer, ein weiterer) oder „weitere" Personen oder Sachen im Plural (weitere, noch). Stellvertretend für ein vorangehendes, unbestimmtes Substantiv im Singular steht **another one** (noch ein, ein weiterer).
• There are also **other** *ways* to solve the problem. • He waved to me from **the other** *side* of the street. • I just know *these books.* Can you show me **the other ones**?	• Can you show me **another** *book*? • He kept me waiting **another** *three hours.* • I don't like *this cake.* Please give me **another one**.

No, none und nobody, no one

Zur Bezeichnung „keiner" Person oder Sache

no	none	nobody, no one
Es ist attributives Indefinitpronomen und bezeichnet „keine" Person oder Sache im Singular und Plural (keiner).	Es ist substantivisches Indefinitpronomen und bezeichnet „keine" Person oder Sache aus einer bestimmten Gruppe von mehr als zweien (keiner). Bei zweien wird **neither** verwendet.	Es ist substantivisches Indefinitpronomen und bezeichnet „keine" Person im Singular (niemand, keiner). Sie können nicht - wie **none** - für ein vorangehendes oder folgendes Substantiv stehen.

no	none	nobody, no one
	None steht nur bezüglich eines vorhergehenden oder folgenden Substantivs.	
• **No** *person* entered the room. • There is **no** *cake* for the children. • I am sorry, I have **no** *change* with me.	• **None** *of these persons* entered the room. **Neither** *of these persons* entered the room.	• **Nobody** entered the room. • **No one** entered the room. • We saw **no one** in the room.

no	none
Es wird normalerweise nur als Subjekt und in Antworten, die aus nur einem Wort bestehen (nein), verwendet, sonst stehen, vor allem in der Umgangssprache, Konstruktionen aus verneintem Verb + **a, one, any**.	Es wird normalerweise nur als Subjekt und in Antworten, die aus nur einem Wort bestehen, verwendet, sonst stehen, vor allem in der Umgangssprache, Konstruktionen aus verneintem Verb + **a, one, any**.
• **No** *cakes* were left. • Are there any cakes left? - **No.** • He *didn't give* me **any** *advice.* (He gave me **no** *advice.)*	• **None** of the cars cost more than $ 15,000. • How many of these books have you read? - **None.** • He *didn't read* **any** of these books. (He read **none** of these books.)

Either und neither

Zur Bezeichnung „der einen oder anderen"/ „keiner von zwei" Personen, Sachen

either	neither
Es ist substantivisches und attributives Indefinitpronomen und bezeichnet „entweder die eine oder die andere" Person oder Sache, gleichgültig welche (jeder (von zweien, beide), entweder der eine oder der andere). In Verbindung mit einem verneinten Verb steht es in der Bedeutung *keiner von beiden.*	Es ist substantivisches und attributives Indefinitpronomen und bezeichnet „keine, weder die eine noch die andere" von zwei Personen oder Sachen (keiner (von beiden)). Bei mehreren wird **none** verwendet. **Neither** steht mit einem bejahten Verb und vorzugsweise am Satzanfang oder in kurzen Antworten.

either	neither
• Would you like *chicken or fish* tonight? - I'll take **either** one. • His building site is situated on **either** side of this street. • Have you read one of these books? I *haven't read* **either**.	• **Neither** *of these (two) persons* entered the room. • *Which of these books* have you read? **Neither**. • Have you read one of these books? I *have read* **neither**.

Both und the two

Zur Bezeichnung zweier Personen oder Sachen

both	the two
Es ist substantivisches und attributives Indefinitpronomen und bezeichnet zwei Personen oder Sachen, die zusammengehören ((alle) beide). Es steht entweder vor dem Substantiv oder in der Mitte des Satzes. Zwischen **both** und Substantiv tritt entweder der bestimmte Artikel (+ **of**) oder ein Possessivpronomen (+ **of**).	Es ist substantivisches und attributives Indefinitpronomen und bezeichnet zwei Personen oder Sachen, die nicht zusammengehören oder sogar im Gegensatz zueinander stehen (beide, die zwei).
• **Both** *(of) (the) students* passed the exam. • **Both** *(of) (her) sons* lost their lives in an accident. • I have met **both** *(of her) brothers.*	• **The two** *business men* are bitter opponents. • Do you know *Jim or Rachel*? - No, I've never met **the two**.

One

Zur Bezeichnung einer unbestimmten Person

one	
Es ist substantivisches Indefinitpronomen und bezeichnet eine unbestimmte Person (man). Statt **one** stehen, vor allem in der Umgangssprache, Personalpronomen, das Passiv, **there is (was)** + gerund oder Ausdrücke wie **people, man**.	• **One** should love one's neighbour as oneself. • **You** never can tell how he will react. • **This house is to be sold** immediately. • **There was singing and drinking**. • **People** gave the Queen a warm welcome.

Die Konjunktion (The Conjunction)

Konjunktionen sind Bindewörter und verbinden ganze Sätze oder Satzteile.

Nebenordnende, beiordnende Konjunktionen (Coordinating Conjunctions)

Nebenordnende oder beiordnende Konjunktionen verbinden gleichartige Satzglieder oder Sätze, also Haupt- und Hauptsatz etc.

Unterordnende Konjunktionen (Subordinating Conjunctions)

Unterordnende Konjunktionen leiten Nebensätze ein.

Im Englischen steht eine Vielzahl von Konjunktionen zur Verfügung, von denen die gebräuchlichsten im folgenden dargestellt sind.

Temporale Konjunktionen (Temporal Conjunctions)

Die temporalen Konjunktionen geben einen Zeitraum, Zeitpunkt an.

- **While** I was writing a letter, my mother entered the room.

• **after**	(nach(dem))	• **now**	(nun, jetzt)
• **as**	(als, während)	• **since**	(seit)
• **as long as**	(so lange (wie/als))	• **till**	(bis)
• **as often as**	(so oft (wie/als))	• **until**	(bis)
• **as soon as**	(so bald als)	• **when**	(wenn, als)
• **before**	(bevor)	• **while**	(während)

Bei gleichem Subjekt im Haupt- und Nebensatz steht **after** + gerund.
Diese Konstruktion ist wesentlich eleganter als das Subjekt nochmals zu nennen.

- **After** *having done* his homework, he watched TV.
  (**After** *he* had done his homework, *he* watched TV.)

Finale Konjunktionen (Final Conjunctions)

Die finalen Konjunktionen drücken eine Absicht, einen Zweck aus.

- He studied hard **so that** he would pass the exam.

• **in case**	(falls)	• **so that**	(so daß)
• **in order that**	(so daß)	• **that**	(daß, so daß)

Kausale Konjunktionen (Causative Conjunctions)

Kausale Konjunktionen geben den Grund, die Ursache an.

> • **As** he has finished all his work, he can go home now.

• **as**	(da, weil)	• **for**	(da, weil)
• **because**	(da, weil)	• **since**	(da, weil)

Because leitet einen nachgestellten Nebensatz ein und sollte nicht am Anfang eines Satzgefüges stehen.
As und **since** können dagegen voran- und nachgestellte Nebensätze einleiten.

> • He can go home now **because** he has finished all his work.
> • **As** he has finished all his work, he can go home now.
> • **Since** he has finished all his work, he can go home now.

For sollte nicht am Anfang des Satzgefüges stehen und kann nicht auf **not** oder **but** folgen.
Es kann nicht in Aussagen, die bereits gemacht wurden, oder in Antworten auf Fragen verwendet werden.

> • He can go home now **for** he has finished all his work.
> • He stole *not* **because** he wanted the money *but* **because** he liked stealing.
> • Why did you read the book? - I read it **because** I liked it.

Konsekutive Konjunktionen (Consecutive Conjunctions)

Konsekutive Konjunktionen drücken die Folge, die Wirkung aus.

> • It rained all the morning **so that** he could not go for a walk.

• **so**	(so(mit))	• **that**	(so daß)
• **so, such that**	(so daß)	• **therefore**	(deshalb, folglich)

Konzessive Konjunktionen (Concessive Conjunctions)

Konzessive Konjunktionen dienen zum Ausdruck der Einräumung, des Zugeständnisses.

> • **Although** it rained all the morning, he went for a walk.

• **although**	(obwohl, obgleich)	• **however**	(dennoch, jedoch)
• **as**	(obwohl, wenn auch)	• **though**	(obwohl, obgleich)
• **even if, though**	(selbst wenn)		

Konditionale Konjunktionen (Conditional Conjunctions)

Konditionale Konjunktionen dienen zum Ausdruck der Bedingung.
Dabei ist die Zeitenfolge im Bedingungssatz zu beachten.

- **If** it *rains*, I *will come.*
- **If** it *rained*, I *would come.*
- **If** it *had rained*, I *would have come.*

• **if**	(wenn)	• **provided that**	(vorausgesetzt daß)
• **on condition (that)**	(unter der Bedingung (daß))	• **supposing (that)**	(angenommen daß)
• **in case**	(im Falle daß)	• **unless, if not**	(wenn nicht)

Modale Konjunktionen (Modal Conjunctions)

Modale Konjunktionen bezeichnen die (Begleit)Umstände, die Mittel, die Art und Weise.

- **With** their hands clapping, they stood at the gate and cheered the musicians.

• **for**	(dafür daß)	• **without**	(ohne daß, wenn nicht)
• **with**	(mit)		

Adversative Konjunktionen (Adversative Conjunctions)

Adversative Konjunktionen stehen in Gegenüberstellungen, zum Ausdruck des Gegensatzes.

- He is not a gentleman **while** his wife is a real lady.

• **but**	(aber, sondern)	• **while**	(während)
• **however**	(aber, hingegen, dennoch)	• **yet**	(dennoch, trotzdem)
• **whereas**	(während)		

However steht in der Regel nicht am Satzanfang. Es kann, durch Komma abgetrennt, hinter das Subjekt treten.

- He is a nice boy, **however**, he is not very well brought-up.

Vergleichende Konjunktionen (Comparative Conjunctions)

Vergleichende Konjunktionen bringen einen Vergleich zum Ausdruck.

- Do **as** you are told.
- He is **as** tall **as** his brother.

• **as**	(wie, so wie)	• **like**	((eben)so, so ... wie)
• **as ... as**	((eben)so ... wie)	• **not as/so ... as**	(nicht so ... wie)
• **as if/though**	(als ob, als wenn)	• **than**	(als)

Zum Ausdruck des Vergleichs steht **as** nach Adjektiven und Adverbien oder wenn ein ganzer Satz folgt.

- *Tired* **as** he was, he couldn't help her.
- He made the same mistake **as** *his brother had made.*

Zum Ausdruck des Vergleichs steht **like** vor Substantiven oder Pronomen.

- He cried **like** *a baby.*
- He made the same mistake **like** *his sister.*

Vor Komparativen wird der Vergleich durch **than** ausgedrückt.

- He is *taller* **than** I.
- Peter's behaviour was *more stupid* **than** John's.

Anreihende Konjunktionen (Copulative Conjunctions)

Anreihende Konjunktionen dienen zur Verbindung zweier Sätze oder Satzteile.

- **Both** her son **and** her daughter were killed in an accident.

• **also**	(auch)	• **(not) either**	(auch nicht)
• **and**	(und)	• **neither ... nor**	(weder ... noch)
• **as well as**	(so wie)	• **nor**	(auch nicht, noch)
• **both ... and**	(sowohl ... als auch)	• **not only ... but (also)**	(nicht nur ... sondern auch)
• **either ... or**	(entweder ... oder)	• **or**	(oder)

Statt **also** wird **as well** oder **too** bevorzugt. Außerdem sollte **also** nicht am Satzanfang stehen.

- You have done your homework. I **also** finished mine.
- You have done your homework. I finished mine, **too/as well.**

As well as steht meist ungetrennt hinter dem ersten Satzglied.

- My brother **as well as** my sister are older than I.

Both ... and wird getrennt und umschließt das erste Satzglied.

- **Both** my sister **and** my brother are older than I.

Die Präposition (The Preposition)

Mit der Präposition (Verhältniswort) werden bestimmte Verhältnisse und Beziehungen gekennzeichnet.
Für den Gebrauch der Präpositionen lassen sich keine allgemeingültigen Regeln aufstellen. Nicht jede Präposition kann in Verbindung mit jedem beliebigen Wort verwendet werden. Häufig ändert die Präposition die Bedeutung eines Wortes. Es empfiehlt sich daher jedes Wort von Anfang an mit seinen möglichen Präpositionen zu lernen.
Die folgende Aufstellung zeigt die wichtigsten Präpositionen und ihre wichtigsten Bedeutungen. Einige der folgenden Präpositionen können auch in der Funktion eines Adverbs oder einer Konjunktion stehen.

Präposition	In räumlicher Bedeutung	In zeitlicher Bedeutung	In übertragener Bedeutung
aboard	an Bord		
about	um ... herum, umher	um, etwa, gegen	an, auf, bei, um, etwa, ungefähr
above	oberhalb, über		(erhaben) über
according to			gemäß, laut
across	quer ... durch, über		
after	hinter ... (her)	nach	gemäß, nach
against	an, gegen(über), zu		gegen, wider
along	längs(seits), entlang		nach, gemäß
among(st)	(in)mitten (unter), zwischen		zwischen, unter
around	um ... herum	um, etwa, gegen	ungefähr, etwa
at	am, an, bei, in, vor, zu	um	an, bei, in, über, um, zu
because of			wegen, infolge
before	vor	vor, früher als	vor (Rang, Würde)
behind	hinter	hinter, nach	hinter
below	unter(halb)		unter (Rang, Würde)

Präposition	In räumlicher Bedeutung	In zeitlicher Bedeutung	In übertragener Bedeutung
beneath	unter(halb)		unter (Rang, Würde)
beside	neben		außer, neben
besides			außer, neben
between	zwischen (2)	zwischen	zwischen, unter
beyond	jenseits, über	über ... hinaus	(erhaben) über
but			außer
by	am, an, durch, über	an, bei, bis, gegen, in, um	durch, mit, mittels, nach, von, über
despite			trotz, ungeachtet
down	herunter, hinunter	durch	bis
during		während	
except			außer
for	zu, nach	... lang, seit (Zeitraum)	aus, für, nach, um, vor, wegen
from	von (weg), aus	von ... an	vor, aus
in	auf, in	am, in, im	auf, im, in, mit
in front of	vor		
inside	innerhalb	innerhalb	
into	in ... hinein	bis in	in, in ... hinein
near	nahe (bei)	nahe	
of	aus, bei, von	an, in, von, vor	an, auf, aus, von
off	von ... herunter, von ... weg		
on	auf, an	an, am	von

Präposition	In räumlicher Bedeutung	In zeitlicher Bedeutung	In übertragener Bedeutung
out	(her)aus		aus
outside	außerhalb		
over	über	über (hinaus)	mehr als, über
past	an ... vorbei	nach	über ... hinaus
round	um ... herum	gegen, ungefähr um	um
since		seit (Zeitpunkt)	
through	durch	durch	durch
throughout	durch ... hindurch	hindurch, während	
till		bis, erst	
to	zu, nach	bis	mit, zu, bei
toward(s)	auf ... zu	gegen	zu
under	unter	unter, weniger als	unter
until		bis, erst	
up	hinauf		
upon	auf, an		von
with			aus, bei, mit, vor
within	innerhalb	innerhalb	
without			ohne

Die Satzglieder (The Parts of a Sentence)

Ein Satz besteht im wesentlichen aus den folgenden Satzgliedern.
Er besteht aus mindestens einem Hauptsatz (main, principal clause) oder einem Haupt- und einem Nebensatz (sub clause). Sätze, die aus Haupt- und Nebensatz bestehen, nennt man Satzgefüge (compound sentence).
Der Hauptsatz ist der übergeordnete Teil eines Satzgefüges und kann, im Gegensatz zum Nebensatz, jederzeit alleine stehen.

Subjekt (Subject)

Das Subjekt (Satzgegenstand) drückt aus, wer oder was eine Handlung ausführt. Das Subjekt steht im Nominativ (wer-Fall).

- **I** read a book.
- **The book** is very interesting.

Prädikat (Predicate)

Das Prädikat (Satzaussage) ist das Verb und besteht aus Vollverb oder Vollverb und Hilfsverb. Es drückt aus, was getan wird.

- I **read** a book.
- I **have written** a letter.

Objekt (Object)

Das Objekt ist ein Satzglied, im Genitiv (wessen-Fall), Dativ (wem-Fall) oder Akkusativ (wen-Fall).

Genitiv

Der Genitiv ist der 2. Fall, der wessen-Fall. Das Genitivobjekt oder Objekt im possessive case wird im Englischen bei Substantiven im Singular durch **'s** und bei Substantiven im Plural durch **'** gebildet. Bei Substantiven auf -s steht **'s** oder **'**. Sachen werden mit **of** angeschlossen.

- Whose car is this? - It is **Peter's** car.
- Yesterday, I met my **brothers'** friend.
- The children play in **St. James's Park**.
- The children play in **St. James' Park**.
- The author **of this book** is very successful.

Dativ

Der Dativ ist der 3. Fall, wem-Fall.
Das Dativobjekt oder indirekte Objekt wird im Englischen mit oder ohne die Präposition **to** angeschlossen.

- Mary taught **John** English.
- Mary explained the case **to John.**

Akkusativ

Der Akkusativ ist der 4. Fall, der wen-Fall.
Das Akkusativobjekt oder direkte Objekt wird im Englischen ohne Präposition angeschlossen.

- This morning, I met **Peter** at the bus station.
- He answered **the question** in a complicated way.

Präpositionales Objekt

Das präpositionale Objekt ist ein Objekt mit einer Präposition. Welche Präposition beim Objekt steht, hängt davon ab, welche Präposition das Verb verlangt.

- This morning, I spoke **with Peter.** (to speak with s.o.)

Es ist zu beachten, daß ein Wort, das im Deutschen im Dativ steht, im Englischen im Akkusativ stehen kann und umgekehrt. In welchem Fall ein Wort steht, hängt davon ab, mit welcher Ergänzung das Verb stehen kann.
Der Genitiv drückt ein Besitzverhältnis aus, das Dativobjekt oder indirekte Objekt ist meist eine Person und wird mit oder ohne die Präposition **to** angeschlossen, das Akkusativobjekt oder direkte Objekt ist meist eine Sache und wird ohne **to** angeschlossen.

Prädikative Ergänzung (Predicative Complement)

Die prädikative Ergänzung kann ein Adjektiv oder Substantiv sein und bezieht sich entweder auf das Subjekt oder Objekt.

- *Mary* is very **nice.**
- I have a very **interesting** *book.*

Adverbiale Bestimmungen (Adverbial Elements)

Adverbiale Bestimmungen (Umstandsbestimmungen) sind Zeit- oder Ortsangaben, Angaben zur Art und Weise oder Angaben des Grundes.

- **This morning**, I wrote a letter.
- The children read this book **at school.**
- He did his homework **in a very careful way.**

Der bejahte Aussagesatz (The Affirmative Clause of Statement)

Im bejahten Aussagesatz wird ein Sachverhalt mitgeteilt bzw. behauptet.
Generell gilt folgende Wortstellung:

Subjekt(pronomen) (S)	**Prädikat (P)**	**Objekt (O)**
• **Mary**	**writes**	**a letter.**
• **She**	**has written**	**a letter.**

Eng mit dem Prädikat verbundene Präpositionen oder Adverbien werden nicht vom Prädikat abgetrennt, es sei denn, sie sollen besonders betont werden oder das Objekt ist ein Pronomen, dann treten sie an das Satzende.

Subjekt(pronomen)	**Prädikat + Präposition**	Objekt
• He	**took off**	his hat.

Subjekt(pronomen)	**Prädikat**	Objekt(pronomen)	**Präposition**
• He	**took**	his hat	**off.**
• He	**took**	it	**off.**

Aussagesatz mit zwei Objekten

In Aussagesätzen mit zwei Objekten steht das indirekte Objekt (meist eine Person) im allgemeinen vor dem direkten Objekt (meist eine Sache).

Subjekt(pronomen)	Prädikat	**indirektes Objekt**	**direktes Objekt**
• Mary	taught	**John**	**English.**

Das direkte Objekt tritt vor das indirekte Objekt, das dann mit **to** angeschlossen wird, wenn das indirekte Objekt besonders hervorgehoben werden soll, wenn es länger ist als das direkte Objekt oder wenn das direkte Objekt **it** oder **them** ist.
Es ist zu beachten, daß manche Verben das indirekte Objekt grundsätzlich mit der Präposition **to** anschließen.

Subjekt(pron.)	Prädikat	**direktes Objekt**	**indirektes Objekt + to**
• Mary	explains	**the case**	**to John.**
• Mary	writes	**a letter**	**to her cousin Jill who is ill.**
• Mary	explained	**it**	**to him.**

Handelt es sich bei beiden Objekten um Pronomen, dann wird das direkte Objekt dem indirekten Objekt, das dann mit **to** angeschlossen wird, vorangestellt.

Subjekt(pron.)	Prädikat	**direktes Objekt**	**indirektes Objekt**
• He	gave	**it**	**to him.**

Aussagesatz mit prädikativer Ergänzung

Prädikative Ergänzungen stehen generell nach dem Prädikat, gleichgültig ob sie sich auf das Subjekt oder auf das Objekt beziehen.

Subjekt(pronomen)	Prädikat	**prädikative Ergänzung**
• Mary	is	**very nice.**

Subjekt(pronomen)	Prädikat	**präd. Ergänzung**	direktes Objekt
• I	read	a **very interesting**	book.

Aussagesatz mit adverbialen Bestimmungen

Adverbiale Bestimmungen, vor allem die des Ortes und der Zeit, können sowohl am Satzanfang als auch am Satzende stehen.

Adv. Bestimmung	Subjekt(pronomen)	Prädikat	Objekt
• **This morning,**	Peter	wrote	a letter.

Subjekt(pronomen)	Prädikat	Objekt	**adv. Bestimmung**
• The children	read	this book	**at school.**

Hervorhebung des Subjekts, Objekts

Zur Hervorhebung des Subjekts dienen Ausdrücke wie **it is/was ... who/which/that**, zur Hevorhebung des Objekts dient **it is/was ... whom/which/that**, wobei **is**, **was** immer im Singular stehen, auch wenn das Bezugswort im Plural steht.

It is/was	**Subjekt(pron.)**	**who, which, that**	Prädikat	Objekt
• **It was**	**Mary**	**who**	wrote	that letter.

It is/was	Objekt	whom, which, that	Subj.(pron.)	Prädikat	adv. Best.
• It was	her brothers	whom	I	saw	today.

Inversion des Subjekts

Zur Hervorhebung kann das Subjekt hinter das Prädikat treten (Inversion des Subjekts). Dies ist besonders in kurzen Sätzen nach Verben wie **to be, to come, to follow, to stand** der Fall, wenn der Satz durch Adverbien wie **first, here, then, next** eingeleitet wird.

Adverb	**Prädikat**	**Subjekt**
• Here	**comes**	**the guest of honour.**

In Kurzsätzen, die durch **so** (auch) eingeleitet werden, tritt das Subjekt hinter das Prädikat. Ist das Prädikat ein Vollverb, so wird dieses im Kurzsatz durch **to do** wieder aufgenommen. Ist im Prädikat ein Hilfs- oder Modalverb, so wird das Hilfs- bzw. Modalverb im Kurzsatz wieder aufgenommen.

Vordersatz	**so**	**Prädikat**	**Subjekt(pronomen)**
• He *took* French leave.	**So**	**did**	**I.**
• He *has* taken French leave.	**So**	**have**	**I.**

Im Einleitungssatz der direkten Rede kann das Subjekt hinter das Prädikat treten, wenn der Einleitungssatz nicht vor, sondern nach der direkten Rede steht.

Direkte Rede	**Prädikat**	**Subjekt**
• «Can you call back later?»	**asked**	**Peter.**

Ist das Subjekt ein Pronomen, so gilt die regelmäßige Wortstellung auch im nachgestellten Einleitungssatz der direkten Rede.

Direkte Rede	**Subjektpronomen**	**Prädikat**
• «Can you call back later?»	**he**	**asked.**

Der verneinte Aussagesatz (The Negative Clause of Statement)

Im verneinten Aussagesatz wird ein Sachverhalt verneint. Die Verneinung wird durch Adverbien, Pronomen oder Konjunktionen der Verneinung ausgedrückt.
Bei der Formulierung des verneinten Aussagesatzes ist zu beachten, daß das Prädikat mit **to do** umschrieben werden muß, wenn dieses ein Vollverb ist. Ist im Prädikat ein Hilfs- oder Modalverb enthalten, wird dieses verneint und es erfolgt keine Umschreibung mit **to do.** Dasselbe gilt für verneinte Antworten, d. h. ist im vorausgehenden Fragesatz ein Vollverb enthalten, wird in der Antwort nicht das Vollverb, sondern **to do** verneint, bei einem Hilfs- oder Modalverb wird dieses in der Antwort wieder aufgenommen und verneint. Es ist zu beachten, daß **to do** und **to have** auch Vollverben sein können. Sie werden dann auch mit **to do** umschrieben.

Not

Not (nicht) gehört zu den am häufigsten verwendeten Adverbien der Verneinung und steht vor dem Vollverb.

Subjektpronomen	**Prädikat + not**	Objekt
• Peter	**did not pass**	the exam.
• I	**have not made**	this mistake.
• I	**cannot solve**	this problem.

No

No (kein, keiner; nein) steht unmittelbar vor dem zu verneinenden bzw. einzuschränkenden Wort.
Es steht mit einem bejahten Verb, es erfolgt demnach auch keine Umschreibung mit **to do**.

No	**Subjekt**	Prädikat	Objekt
• **No**	**person**	entered	the room.
• **No**	**person**	has entered	the room.

Es steht in kurzen, verneinten Antworten in der Bedeutung *nein.*
Alleinstehendes **no** wird als schroff empfunden, daher werden auch kurze Antworten mit Subjekt und Prädikat gebildet.

Fragesatz	(Antwort mit) **no**
• You *met* him at the station?	**No**(, I *didn't*).
• *Are* there any cakes left?	**No**(, there *aren't*).

None

None (keiner (von mehr als zweien)) steht vor dem einzuschränkenden oder zu verneinenden Wort, an das es mit **of** angeschlossen wird.
Es steht mit einem bejahten Verb, es erfolgt demnach auch keine Umschreibung mit **to do**.
(**Neither** steht bezüglich zwei Personen oder Sachen aus einer Gruppe.)

None of	**Subjekt**	Prädikat	Objekt
• **None of**	**these persons**	entered	the room.

Any

Any (kein) steht zur Verneinung eines Objekts (statt **no, none**, die vorzugsweise Subjekt sind) unmittelbar vor dem zu verneinenden oder einzuschränkenden Wort.

Subjekt(pron.)	Prädikat	Objekt	**any**	**Objekt**
• He	didn't give	me	**any**	**advice.**
• He	cannot give	me	**any**	**of these books.**

Nobody, no one

Nobody, no one (keiner, niemand) sind selbst Subjekt und stehen am Satzanfang.
Sie stehen mit einem bejahten Verb, es erfolgt demnach auch keine Umschreibung mit **to do**.

Nobody, no one	Prädikat	Objekt
• **Nobody**	entered	the room.
• **No one**	has entered	the room.

Neither

Neither (weder der eine noch der andere, keiner von beiden) steht unmittelbar vor dem einzuschränkenden oder zu verneinenden Wort, an das es mit **of** angeschlossen wird. Es steht in Verbindung mit einem bejahten Verb, es erfolgt demnach auch keine Umschreibung mit **to do**.
(**None** wird bezüglich mehrerer Personen oder Sachen aus einer Gruppe verwendet).

Neither of	**Subjekt**	Prädikat	Objekt
• **Neither of**	**these (two) persons**	entered	the room.

In verneinten Antworten steht es unmittelbar nach dem (bejahten) Prädikat oder alleine.

Fragesatz	Subjekt(pron.)	**Prädikat**	**neither**
• Which of these books have you read?	I	**have read**	**neither.**

Fragesatz	**Neither**
• Which of these books have you read?	**Neither.**

In kurzen Antworten steht **neither** (auch nicht) am Satzanfang. In der Umgangssprache wird häufig **not either** verwendet.

Fragesatz	**Neither**	Prädikat	Subjekt
• Do you *like* reading?	**Neither**	*do*	I.
• *Has* he already gone?	**Neither**	*has*	she.

Either

Either (keiner von beiden) steht in verneinten Antworten unmittelbar nach dem verneinten Prädikat.

Fragesatz	Subjekt(pron.)	**Prädikat**	**either**
• Did you read one of these books?	I	**didn't read**	**either.**
• Have you read one of these books?	I	**haven't read**	**either.**

In kurzen Antworten steht **not ... either** (auch nicht) nach dem Subjekt mit einem verneinten Prädikat. In der Umgangssprache wird **not ... either** häufig statt **nor** und **neither** verwendet.

Fragesatz	Subjekt	**Prädikat**	**either**
• Do you *like* reading?	Mary	**doesn't**	**either.**
• *Has* he already gone?	Mary	**hasn't**	**either.**

Nor

Nor (auch nicht) steht in kurzen Antworten am Satzanfang. In der Umgangssprache steht statt **nor** häufig **not either.**

Fragesatz	**Nor**	Prädikat	Subjekt
• Do you *like* reading?	**Nor**	*do*	I.
• *Has* he already gone?	**Nor**	*has*	she.

Der Fragesatz (The Interrogative Clause)

Im Fragesatz wird eine Frage formuliert.
Bei der Formulierung von Fragesätzen ist die Umschreibung mit **to do** zu beachten.

Die direkte Frage ohne Fragewort (The Direct Interrogative Clause Without a Question Word)

Direkte Fragen bilden selbst den Hauptsatz, sie werden nicht wie die indirekten Fragen in einen Nebensatz eingebettet und durch ein Verb wie **to ask, to inquire, to wonder** etc. eingeleitet.

Die Entscheidungsfrage (The Yes-/No-Question)

Entscheidungsfragen erwarten eine Ja- oder Nein-Antwort.

Die Intonationsfrage (The Intonated Question)

Die Frage wird durch die Intonation kenntlich gemacht, d. h. die Satzmelodie geht am Satzende nach oben. Die Wortstellung entspricht der des einfachen, bejahten Aussagesatzes.
Diese Art der Fragestellung wird, vor allem in der gesprochenen Sprache, sehr häufig verwendet.

Subjekt(pronomen)	**Prädikat**	**Objekt**
• **Mary**	**knows**	**Peter?**

Die Inversionsfrage (The Inversion Question)

Bei dieser Art der Fragestellung tritt das Subjekt(pronomen) hinter das Verb (Inversion des Subjekts). Ist das Prädikat ein Vollverb, so wird die Frage mit **to do** gebildet. Das Subjekt(pronomen) tritt hinter **to do**. Es ist zu beachten, daß **to do** und **to have** selbst Vollverben sein können. Sie werden dann auch mit **to do** umschrieben.

To do	**Subjekt(pron.)**	**Prädikat** (Vollverb)	Objekt
• **Does**	**Mary**	**know**	Peter?
• **Did**	**he**	**do**	his homework?
• **Does**	**he**	**have**	a car?

Ist im Prädikat ein Hilfsverb oder Modalverb enthalten, so dient dieses zur Bildung des Fragesatzes. Das Subjekt(pronomen) tritt hinter das Hilfs- bzw. Modalverb.

Hilfs-, Modalverb	**Subjekt(pron.)**	**Vollverb**	Objekt
• **Have**	**you**	**done**	your homework?
• **Could**	**Mary**	**solve**	this problem?

Die direkte Frage mit Fragewort (The Direct Interrogative Clause With a Question Word)

Diese Fragen enthalten ein Fragewort (**who, what, how, when** etc.), das am Satzanfang steht.

Ist das Fragewort selbst Subjekt oder ein Teil dessen, d. h. der Satz enthält kein anderes Subjekt, so gilt die Wortstellung des bejahten, einfachen Aussagesatzes. Die Frage wird nicht mit **to do** gebildet.

Fragewort	**Prädikat**	Objekt
• **Who**	**solved**	the problem?
• **Who**	**has solved**	the problem?

Ist das Fragewort nicht selbst Subjekt oder ein Teil dessen, d. h. der Satz enthält schon ein anderes Subjekt, so tritt das Subjekt hinter das Verb (Inversion des Subjekts). Ist das Verb ein Vollverb, so muß der Fragesatz mit **to do** gebildet werden. Das Subjekt(pronomen) tritt hinter **to do**. Es ist zu beachten, daß **to do** und **to have** selbst Vollverben sein können. Sie werden dann auch mit **to do** umschrieben.

Fragewort	**to do**	**Subjekt(pron.)**	**Vollverb**	adv. Best.
• **Whom**	**did**	**you**	**meet**	at the station?
• **What**	**did**	**you**	**do?**	

Fragesätze mit Fragewort, die ein Hilfs- oder Modalverb enthalten, werden nicht mit **to do** gebildet, gleichgültig ob das Fragewort selbst Subjekt des Satzes ist oder nicht.

Fragewort	**Hilfs-, Modalverb**	**Subjekt(pron.)**	**Vollverb**	Objekt
• **Where**	**has**	**Peter**	**been?**	
• **Where**	**can**	**you**	**meet**	him?

Die indirekte Frage (The Indirect Interrogative Clause)

Indirekte Fragen (Fragen in der indirekten Rede) sind in einem Nebensatz, der von einem Verb wie **to ask, to inquire, to wonder** etc. eingeleitet wird, eingebettet. Sie werden vom Einleitungssatz nicht durch Komma abgetrennt und nicht durch Fragezeichen, sondern durch Punkt abgeschlossen.

Die indirekte Frage ohne Fragewort (The Indirect Interrogative Clause Without a Question Word)

Indirekte Fragen ohne Fragewort, indirekte Entscheidungsfragen, werden mit **whether** oder **if** eingeleitet. **If** wird vor allem in der Umgangssprache verwendet. Die Wortstellung entspricht der des einfachen Aussagesatzes.

Einleitungssatz	**whether, if**	**Subjekt(pron.)**	**Prädikat**	**Objekt**
• Mary asked	**whether/if**	**he**	**had done**	**his homework.**

Die indirekte Frage mit Fragewort (The Indirect Interrogative Clause With a Question Word)

In indirekten Fragen mit Fragewort gilt die Wortstellung des einfachen Aussagesatzes.

Einleitungssatz	**Fragewort**	**Subjekt(pron.)**	**Prädikat**	adv. Best.
• He wondered	**what**	**she**	**had done**	in his room.

Kurzfragen (Question Tags)

Die question tags sind eine Besonderheit der englischen Sprache, die vom Gesprächspartner eine Bestätigung einer gemachten Aussage erwartet. Sie werden im Deutschen häufig durch Ausdrücke wie *nicht wahr?, so?, wirklich?* wiedergegeben.

Das Prädikat der vorangehenden Aussage wird im question tag durch **to do** wieder aufgenommen, wenn dieses ein Vollverb ist. Enthält die vorangehende Aussage ein Hilfs- oder Modalverb, so wird dieses im question tag wieder aufgenommen.
Wird das Verb im question tag verneint, steht immer die Kurzform (**n't**) und nicht **not**.
Ist das Subjekt der vorangehenden Aussage ein Substantiv, wird dieses im question tag immer durch das entsprechende Pronomen ersetzt.

	Question Tag bejaht	Question Tag verneint
Verneinte/ bejahte vorangehende Aussage	Eine verneinte vorangehende Aussage wird bejaht wiederholt. **Hardly, scarcely** geben dem Satz einen negativen Sinn, daher ist der question tag bejaht.	Eine bejahte vorangehende Aussage wird verneint wiederholt.
	• *Peter doesn't go* home, **does he?** • He *isn't* at home, **is he?** • We *can't take* your car, **can we?** • There *was hardly* anybody to be seen, **was there?**	• Peter *goes* home, **doesn't he?** • He *is* at home, **isn't he?** • We *can* take your car, **can't we?**
Gleiche Formulierung von question tag und vorangehender Aussage	Enthält die bejahte vorangehende Aussage einen Imperativ, so ist der question tag ebenfalls bejaht. Der Imperativ wird durch **will**, **shall** wieder aufgenommen, wobei für die 1. Person neben **will** auch **shall** verwendet werden kann.	
	• *Stop* talking, **will you?** • *Let's have* a party, **shall we?**	
	Eine bejahte vorangehende Aussage wird bejaht wiederholt, wenn persönliche Gefühle wie Überraschung, Erstaunen, Freude, Zweifel etc. zum Ausdruck gebracht werden sollen.	
	• The teacher *told* the pupils to burn their books, **did he**?	

Der Aufforderungssatz (The Imperative Clause)

Im Aufforderungssatz wird ein Befehl, eine Aufforderung mit den Formen des Imperativs ausgedrückt.
Der Aufforderungssatz wird mit Punkt abgeschlossen, es sei denn bei der Aufforderung handelt es sich wirklich um einen Ausruf.

Der bejahte Aufforderungssatz (The Affirmative Imperative Clause)

Der bejahte Aufforderungssatz wird mit den Formen des Imperativs der 2. Person Singular und Plural formuliert (**you**).
Damit sind eine oder mehrere Personen gemeint, die man duzt (du, ihr) oder siezt (Sie).

- **Be** quiet.
  (**Sei** ruhig!)
  (**Seid** ruhig!)
  (**Seien Sie** (eine oder mehrere Personen) ruhig!)

Der verneinte Aufforderungssatz (The Negative Interrogative Clause)

Der verneinte Aufforderungssatz wird mit **to do** umschrieben.

- **Don't forget** your books.
- **Don't go** into this room.

Der Ausrufesatz (The Exclamatory Clause)

Im Ausrufesatz wird eine persönliche Empfindung (Erstaunen, Verwunderung, Überraschung etc.) in einem Ausruf formuliert.

Ausrufesätze ohne Ausrufewort (Exclamatory Clauses Without an Interjection Word)

Bei Ausrufesätzen, die nicht durch ein Ausrufewort eingeleitet werden, gilt dieselbe Wortstellung wie im einfachen Aussagesatz.

Konjunktion	**Subjekt(pronomen)**	**Prädikat**	**Objekt**
• If only	**I**	**would make**	**her acquaintance!**

Ausrufesätze mit Ausrufewort (Exclamatory Clauses With an Interjection Word)

Ausrufesätze können mit Ausrufewörtern (Interjektionen) wie **what a** und **how** eingeleitet werden.
What a steht, wenn ein Substantiv folgt. Vor das Subjekt tritt das Objekt bzw. die prädikative Ergänzung zum Subjekt.

What a	**präd. Ergänzung**	**Subjekt**	**Prädikat**
• **What an**	**elegant lady**	**Mary-Ellen**	**is!**

How steht, wenn ein Adjektiv folgt und das Subjekt tritt hinter das Prädikat (Inversion des Subjekts).

How	**Adjektiv**	**Prädikat**	**Subjekt(pronomen)**
• **How**	**beautiful**	**is**	**this countryside!**

Der Nebensatz (The Subordinate Clause)

Der Nebensatz ist der untergeordnete Teil eines Satzgefüges und kann im Gegensatz zum Hauptsatz nicht alleine stehen.

Der Subjektsatz (The Nominative Clause)

Ein Subjektsatz ist ein Nebensatz anstelle des Subjekts.

- **If he is coming** is uncertain.
  (**Ob er kommt,** ist ungewiß.)
  (*Das* ist ungewiß.)

Der Objektsatz (The Objective Clause)

Ein Objektsatz ist ein Nebensatz anstelle eines Objekts.

- I don't know **if he is coming.**
  (Ich weiß nicht, **ob er kommt.**)
  (Ich weiß *es* nicht.)

Der Adverbialsatz (The Adverbial Clause)

Ein Adverbialsatz ist ein Nebensatz anstelle einer adverbialen Bestimmung und wird mit einer Konjunktion eingeleitet.

Der Temporalsatz (The Temporal Clause)

Der Temporalsatz gibt einen Zeitpunkt, Zeitraum an.
Er wird durch eine temporale Konjunktion eingeleitet.

- **When my father arrived,** we had prepared everything.

Der Finalsatz (The Final Clause)

Der Finalsatz bringt eine Absicht, einen Zweck zum Ausdruck.
Er wird durch eine finale Konjunktion eingeleitet.

- He learned hard **so that he passed the exam.**

Der Kausalsatz (The Causative Clause)

Der Kausalsatz bringt eine Begründung zum Ausdruck.
Er wird durch eine kausale Konjunktion eingeleitet.

- **Since he finished all his work,** he can go home now.

Der Konsekutivsatz (The Consecutive Clause)

Der Konsekutivsatz bringt eine Folge, Wirkung zum Ausdruck.
Er wird durch eine konsekutive Konjunktion eingeleitet.

- It rained all the morning **so that he could not go for a walk.**

Der Konzessivsatz (The Concessive Clause)

Im Konzessivsatz wird eine Einräumung formuliert.
Er wird durch eine konzessive Konjunktion eingeleitet.

- **Although it rained all the morning,** he went for a walk.

Der Konditionalsatz (The Conditional Clause)

Im Konditionalsatz wird eine Bedingung ausgedrückt. Er wird durch eine konditionale Konjunktion eingeleitet.
Zu beachten ist die Zeitenfolge in Konditionalsätzen.

- **If it rains,** I will come.
- **If it rained,** I would come.
- **If it had rained,** I would have come.

Der Attributsatz (The Attributive Clause)

Ein Attributsatz ist ein Nebensatz anstelle eines Attributs.
Das Attribut ist eine Beifügung, die zum Verständnis des Satzes nicht notwendig ist, jedoch diesen näher erklärt.

- The task **of translating the whole book** was very difficult.
- His expectation **to win the prize** was not fulfilled.

Der Relativsatz (The Relative Clause)

Ein Relativsatz wird durch ein Relativpronomen eingeleitet, das unmittelbar nach dem Wort bzw. der Wortgruppe steht, auf das bzw. auf die es sich bezieht.

Der notwendige Relativsatz (The Defining Relative Clause)

Notwendige Relativsätze sind für das Verständnis des Hauptsatzes unbedingt erforderlich und können demnach nicht weggelassen werden. Sie werden, im Gegensatz zum Deutschen, nicht durch Komma vom Hauptsatz getrennt.
Das Relativpronomen, das sich auf das Objekt bezieht, wird in der Umgangssprache meist, in der Schriftsprache gelegentlich weggelassen. Bezieht es sich auf das Subjekt, darf es nicht weggelassen werden.
Präpositionen, die zum Verb gehören, müssen erhalten bleiben, sie treten meist hinter das Verb.

- *My friend* **who took his exam last week** went to England.
- *The children* **who played in the garden this morning** were taken to the hospital.
- *The man* **(whom, that) I saw this morning** was arrested.
- *The man* **(who) you were talking to this morning** was arrested.

Der ausmalende, nicht notwendige Relativsatz (The Non-Defining Relative Clause)

Ausmalende Relativsätze sind für das Verständnis des Hauptsatzes nicht unbedingt erforderlich und können demnach auch weggelassen werden. Sie werden vom Hauptsatz durch Komma abgetrennt und kommen meist nur in der Schriftsprache vor.

- *Mary,* **who is a very nice girl**, visits her grandmother every day.
- A young *man*, **whom I don't know**, left the house a few minutes ago.
- Peter left some *books*, **which he bought yesterday**, on the table over there.

Präfixe (Prefixes)

Das Englische kennt eine Reihe von Präfixen (Vorsilben), die an Substantive, Verben oder Adjektive angehängt werden können und somit ein wichtiges Mittel der Wortbildung darstellen. Dabei ist jedoch zu beachten, daß nicht jedes beliebige Präfix an jedes beliebige Substantiv, Verb oder Adjektiv angehängt werden darf. Die folgenden Beispiele zeigen, welches Präfix überwiegend zur Bildung von Substantiven, Verben oder Adjektiven dient.

Gegenteil	**a-**	a-, un-	**amoral**	unmoralisch
	anti-	anti-, gegen-	**antitoxin** **antipathetical**	Gegengift abgeneigt
	counter-	gegen-, wider-	**counterbalance** **counterbalance**	Gegengewicht, ausgleichen
	de-	ab-, aus-, de-, ent-, un-, zer-	**depopulation** **depopulate**	Entvölkerung entvölkern
	dis-	ab-, aus-, de-, ent-, un-, zer-	**dishonour** **disorder** **dishonest**	Unehre, Schande in Unordnung bringen unehrlich
	il-	il-, un-	**illegality** **illegal**	Ungesetzlichkeit ungesetzlich, illegal
	im-	im-, un-, ver-	**immobilization** **immobilize** **immobile**	Unbeweglichkeit unbeweglich machen unbeweglich
	in-	in-, un-	**inattention** **incomplete**	Unaufmerksamkeit unvollständig
	ir-	ir-, un-	**irresponsibility** **irresponsible**	Unverantwortlichkeit unverantwortlich
	mis-	miß-	**misfortune** **misunderstand** **misleading**	Mißgeschick mißverstehen irreführend
	un-	un-	**unemployment** **unbind** **unable**	Arbeitslosigkeit auf-, losbinden unfähig
	with-	wider-, ab-, ent-, zurück-	**withdraw**	zurückziehen

Steigerung, Verstärkung	**out-**	aus-, über-	**outrage** **outrange** **outstanding**	Greueltat übertreffen hervorragend
	over-	über-	**overdose** **overcharge** **overanxious**	Überdosis überfordern überängstlich
Verminderung	**sub-**	unter-, sub-	**subdivision** **subdivide**	Unterteilung unterteilen
	under-	unter-	**underestimation** **underbid** **underdeveloped**	Unterschätzung unterbieten unterentwickelt
Wiederholung	**re-**	re-, wieder-, zurück-	**readjustment** **readjust** **reactive**	Wiederanpassung wieder anpassen rück-, gegenwirkend
Ergebnis, Wirkung	**co-**	ko-, zusammen-	**cooperation** **coordinate** **coequal**	Kooperation koordinieren ebenbürtig
	em-	be-, er-, ein-, in-	**embody**	verkörpern
	en-	be-, er-, ein-, in-	**encourage** **endurable**	ermutigen erträglich
	for-	ver-	**forbid**	verbieten
	self-	selbst-	**self-control** **self-employed** **self-evident**	Selbstbeherrschung selbständig selbstverständlich
Vor-	**ex-**	ex- (ehemalig)	**ex-president**	Expräsident
	fore-	vorder-, vorher-	**foreground** **foresee**	Vordergrund vorhersehen
	pre-	prä-, vor-	**precaution** **prearrange** **premature**	Vorkehrung vorher abmachen voreilig; frühreif
Nach-	**post-**	post-, nach-	**post-position** **post-date** **post-paid**	Nachstellung nachdatieren freigemacht, frankiert

Suffixe (Suffixes)

Das Englische kennt eine Reihe von Suffixen (Nachsilben), die an Substantive, Verben oder Adjektive angehängt werden können und somit wiederum neue Substantive, Verben oder Adjektive bilden. Dabei ist jedoch zu beachten, daß nicht jedes beliebige Suffix an jedes beliebige Substantiv, Verb oder Adjektiv angehängt werden darf. Die folgenden Beispiele zeigen, welches Suffix überwiegend zur Bildung von Substantiven, Verben oder Adjektiven dient.

Suffixe zur Bildung von Substantiven

Gesamtheit, Kollektivum	**-age**	-ung	**breakage**	Bruchstelle
	-ance	-anz, -enz	**assistance**	Hilfe, Beistand
	-cy	-(lich)keit, -(ig)keit	**accuracy**	Genauigkeit
	-dom	-heit, -tum	**freedom**	Freiheit
	-ence	-anz, -enz	**vehemence**	Heftigkeit
	-hood	-heit	**childhood**	Kindheit
	-(s, t)ion	-tion, -nis, -ung	**relation**	Beziehung
	-ment	-ung	**development**	Entwicklung
	-ness	-heit, -keit, -schaft	**dryness**	Trockenheit
	-ship	-schaft	**friendship**	Freundschaft
	-tude	-keit	**exactitude**	Genauigkeit
	-ty	-keit	**honesty**	Ehrlichkeit
	-ure	-ung, -ur	**legislature**	Gesetzgebung
Beruf, Amt, Tätigkeit	**-ant**	-ent	**assistant**	Helfer, Assistent
	-ee	-er	**employee**	Angestellter
	-er	-er	**runner**	Läufer
	-ian	-er	**optician**	Optiker
	-ist	-ist	**publicist**	Publizist
	-or	-ter, -eur	**governor**	Gouverneur
Verkleinerung	**-ie**	-chen	**auntie**	Tantchen

Suffixe zur Bildung von Verben

Für die Bildung von Verben gibt es im großen und ganzen keine speziellen Suffixe. Häufig werden die von einem Substantiv abgeleiteten Verben durch Weglassen des entsprechenden Suffixes des Substantivs gebildet (z. B.: **assistance - to assist**).

Suffixe zur Bildung von Adjektiven

Ergebnis, Wirkung	**-able**	-isch, -lich, -bar	**fashionable**	modisch
	-al	-isch, -haft	**magical**	magisch, zauberhaft
	-ant	-ant, -end	**significant**	bedeutend
	-ate	-lich	**passionate**	leidenschaftlich
	-ed	-t	**talented**	talentiert
	-ent	-lich	**different**	unterschiedlich
	-fic	-lich	**horrific**	schrecklich
	-ful	-voll, -lich	**peaceful**	friedlich
	-ial	-lich	**essential**	wesentlich
	-ible	-isch, -lich, -bar	**responsible**	verantwortlich
	-ic(al)	-isch	**systematic(al)**	systematisch
	-ish	-isch	**childish**	kindisch
	-ive	-iv	**active**	aktiv
	-less	-los	**endless**	endlos
	-ly	-lich	**cowardly**	feige
	-ous	-ig, -lich	**dangerous**	gefährlich
	-y	-ig, -lich	**dusty**	staubig
Nationalität, Ort	**-an**	-isch	**American**	amerikanisch
	-ese	-isch	**Japanese**	japanisch
	-ward	-wärts	**homeward**	heimwärts

Groß- und Kleinschreibung (The Use of Capital and Small Letters)

Grundsätzlich wird im Englischen alles klein geschrieben. Es gibt jedoch einige Fälle, in denen diese Regel nicht zutrifft.

Satzanfang

Der Anfangsbuchstabe des ersten Wortes eines Satzes wird groß geschrieben.

- **He** is very happy to see you.
- **This** book is very interesting.

Personalpronomen I

Das Personalpronomen **I** wird immer groß geschrieben. Alle anderen Pronomen werden, außer am Satzanfang, klein geschrieben.

- My brothers and sisters and **I** grew up in the country.
- My sister and **your** sister are classmates.

Eigennamen

Die Eigennamen werden grundsätzlich groß geschrieben.

- **Peter** and **Mary** are classmates.
- **June, July** and **August** are the hottest months.

Adjektive, die von Eigennamen abgeleitet sind

Adjektive, die von Eigennamen abgeleitet sind, werden groß geschrieben.
Vorsilben, die mit dem Adjektiv durch Bindestrich verbunden sind, werden klein geschrieben.

- **English**
- **Elizabethan**
- **un-English**
- **anti-American**
- **pro-French**

Titel

Titel, die mit dem zugehörigen Namen in Verbindung stehen.
Titel ohne Namen werden ebenfalls groß geschrieben, wenn dabei an eine bestimmte Person gedacht ist.

- **Queen Elizabeth**
- the **Queen** (of Great Britain)
- the **President** (of the United States)

aber:

- Once there lived a **queen**.

Ordnungszahlen in Herrschernamen

Ordnungszahlen in Verbindung mit Titeln werden groß geschrieben.

- Elizabeth the **Second**
- Henry the **Eighth**

Himmelsrichtungen

Himmelsrichtungen werden zur Bezeichnung von Gebieten groß geschrieben.

- the **West** and the **East**

aber:

- France is **west** of Germany.

Direkte Rede

Das erste Wort der direkten Rede wird, auch wenn ein Komma vorausgeht, groß geschrieben.

- Mr Smith asked the passer-by, «**Can** you tell me how I get to St. Paul's Cathedral?»

Überschriften und Buchtitel

Die wichtigsten Wörter (Substantive, Adjektive etc.) in Überschriften und Buchtiteln mit Ausnahme von **a, an, the, and, or**, Präpositionen oder anderen Wörtern mit weniger als vier Buchstaben, werden groß geschrieben.

- **For Whom** the **Bell Tolls**
- **The Catcher** in the **Rye**
- **The Old Man** and the **Sea**
- **The Pest**
- **Modern Life** in **Great Britain**

Schluß- und Anredeformeln in Briefen

Das erste Wort der Schluß- und Anredeformeln in Briefen wird groß geschrieben.

- **Dear** Peter, ...
- **With** best wishes

Besonderheiten bei der Schreibung

Beim Anfügen von Endungen, Nachsilben und in Wortzusammensetzungen ändert sich häufig die Schreibweise, da die Aussprache des Grundwortes erhalten werden soll. Es sind daher bei der Rechtschreibung die folgenden Besonderheiten zu beachten.

	Ursprüngliche Endung bleibt erhalten	Ursprüngliche Endung entfällt, wird verändert
Endkonsonant	Konsonanten am Wortende werden nicht verdoppelt, wenn diesen ein unbetonter Vokal oder zwei Vokale vorausgehen.	Konsonanten am Wortende werden verdoppelt, wenn Endungen, die mit Vokal beginnen, angehängt werden und wenn dem Konsonant ein einfacher (nicht zwei) betonter Vokal vorausgeht.
	• conquer - conquer*ed* - conquer*ing* - conquer*or* • loo**k** - loo**k***ed* - loo**k***ing* - loo**k***er*-on	• sto**p** - sto**pp***ed* - sto**pp***ing* - sto**pp***er* Wichtige Ausnahmen: • bu**s** - bu**s***es* (BE) - bu**ss***es* (AE) • ga**s** - ga**s***es*
Endkonsonant **-l**	**-l** am Wortende wird nicht verdoppelt, wenn ihm kein einfacher, sondern zwei Vokale vorausgehen.	**-l** am Wortende wird grundsätzlich verdoppelt, wenn Endungen, die mit Vokal beginnen, angehängt werden, wenn dem **-l** ein einfacher, betonter oder unbetonter Vokal vorausgeht. Im amerikanischen Englisch wird der Endkonsonant **-l** nicht immer verdoppelt.
	• boil - boil*ed* - boil*ing* - boil*er* • cool - cool*er*, cool*est*	• travel - travel**(l)***ed* - travel**(l)***ing* - travel**(l)***er* Wichtige Ausnahme: • parallel - parallel*ed*
Endkonsonanten **-ll**		Die Endkonsonanten **-ll** in einsilbigen Wörtern werden in Zusammensetzungen zu **-l**.
		• a**ll** - a**l***most* • ti**ll** - *un*ti**l**

DIE RECHTSCHREIBUNG Besonderheiten bei der Schreibung

	Ursprüngliche Endung bleibt erhalten	Ursprüngliche Endung entfällt, wird verändert
Stummes **-e**	Stummes **-e** am Wortende bleibt erhalten, wenn Endungen, die mit Konsonant beginnen, angehängt werden.	Stummes **-e** am Wortende entfällt, wenn Endungen, die mit Vokal beginnen, angehängt werden.
	• care - car**e***ful* • excite - excit**e***ment* Wichtige Ausnahmen: • argue - argu*ment* • true - tru*ly* • nine - nin*th* • whole - whol*ly*	• love - lov*ed* - lov*ing* - lov*er* • nice - nic*er*, nic*est* Wichtige Ausnahmen: • dye - dy**e***ing* • queue - queu**e***ing*
-ce und **-ge**	**-ce** und **-ge** bleiben in der Regel erhalten, wenn Endungen angehängt werden, die mit **-a**, **-o**, **-u** beginnen.	**-ce** wird in einigen Fällen zu **-ci**, wenn die Endung **-ous** angehängt wird.
	• chan**ge** - chan**ge***able* • coura**ge** - coura**ge***ous*	• gra**ce** - gra**ci***ous* • vi**ce** - vi**ci***ous*
-ee	**-ee** am Wortende bleibt erhalten, wenn die Endungen **-able** und **-ing** angehängt werden.	**-ee** am Wortende wird zu **-e**, wenn Endungen, die mit **-e** beginnen, angehängt werden.
	• agr**ee** - agr**ee***able* • s**ee** - s**ee***ing*	• fr**ee** - fr**e***er*, fr**e***est* • s**ee** - s**e***er*
-f(e)	**-f(e)** am Ende von Wörtern romanischer Herkunft bleibt erhalten, wenn ein Plural-s angehängt wird.	**-f(e)** am Ende von Wörtern germanischer Herkunft wird zu **-v(e)**, wenn ein Plural-s angehängt wird.
	• proo**f** - proo**f***s* • sa**fe** - sa**fe***s*	• hal**f** - hal**ve***s* • kni**ve** - kni**ve***s*
-ie		**-ie** am Ende von Verben wird zu **-y**, wenn die Endung **-ing** angehängt wird.
		• to d**ie** - d**y***ing* • to l**ie** - l**y***ing*
-o	Bei Wörtern, die als Fremdwörter gelten, bleibt das **-o** am Wortende erhalten, wenn ein Plural-s angehängt wird.	Geht dem **-o** am Wortende ein Konsonant voraus, wird es zu **-oe**, wenn ein Plural-s oder das -s der 3. Person Singular present tense angehängt wird.

	Ursprüngliche Endung bleibt erhalten	Ursprüngliche Endung entfällt, wird verändert
	• phot**o** - phot**o***s* • radi**o** - radi**o***s*	• tomat**o** - tomat**oe***s* • g**o** - he g**oe***s*
-y	**-y** bleibt erhalten, wenn dem **-y** ein Vokal vorausgeht und wenn Endungen, die mit Vokal beginnen, das -s der 3. Person Singular des present tense oder ein Plural-s angehängt wird.	**-y** wird zu **-i,** wenn dem **-y** ein Konsonant vorausgeht.
	• enjo**y** - enjo**y***ed* - enjo**y***ing* - he enjo**y***s* • bo**y** - bo**y***s*	• cr**y** - cr**i***ed* • beaut**y** - beaut**i***ful* • merc**y** - merc**i***less* • victor**y** - victor**i***ous*
		-y wird zu **-ie**, wenn ein Plural-s oder das Endungs-s der 3. Person Singular des present tense angehängt wird und wenn dem **-y** ein Konsonant vorausgeht.
		• cr**y** - he cr**ie***s* • marr**y** - he marr**ie***s* • lad**y** - lad**ie***s* • stor**y** - stor**ie***s*
	Eigennamen, die auf **-y** enden, behalten das **-y** im Plural.	
	• Mr Henr**y** - the Henr**y***s* • Mr Kenned**y** - the Kenned**y***s*	

Britische und amerikanische Schreibweise (British and American Spelling)

Die britische und amerikanische Schreibweise weicht in manchen Punkten voneinander ab. Die folgende Tabelle gibt eine Übersicht über die wichtigsten Abweichungen.

BE	AE	Britische Schreibweise	Amerikanische Schreibweise	Deutsche Bedeutung
-ce	**-se**	**defence**	**defense**	Verteidung
-gement	**-gment**	**judgement (judgment)**	**judgment**	Urteil, Beurteilung
-l-	**-ll-**	**fulfil(ment)**	**fulfill(ment)**	erfüllen (, Erfüllung)
-ll-	**-l-**	**travelled**	**traveled**	gereist
		travelling	**traveling**	reisend
		traveller	**traveler**	Reisender
-mme	**-m**	**programme**	**program**	Programm
-ogue	**-og**	**catalogue**	**catalog**	Katalog
-our	**-or**	**colour**	**color**	Farbe
		favourite	**favorite**	Günstling; Lieblings-
		honourable	**honorable**	ehrenhaft
-que	**-ck**	**cheque**	**check**	Scheck
-re	**-er**	**centre**	**center**	Zentrum

Die Zeichensetzung (The Punctuation)

Bis auf die Verwendung des Kommas, des Bindestrichs und des Ausrufezeichens weicht die Zeichensetzung (Interpunktion) im Englischen im allgemeinen nicht wesentlich von der deutschen ab.

Der Punkt (The Full Stop (BE), Period (AE))

Der Punkt steht am Ende eines Satzes.

- Peter is a very nice boy.
- They have just arrived.

Das Komma (The Comma)

Die Kommasetzung im Englischen weicht stark vom Deutschen ab. Während im Deutschen das Komma hauptsächlich zur Trennung von Satzteilen gesetzt wird, werden im Englischen mit Kommas Sprechpausen angezeigt. Im allgemeinen werden im Englischen viel weniger Kommas gesetzt als im Deutschen, daher empfiehlt es sich das Komma in Zweifelsfällen besser wegzulassen.

	Komma	Kein Komma
Subjekt-, Objektsätze		Vor und nach Subjekt- und Objektsätzen steht kein Komma.
		• **If he is coming** is uncertain. • I don't know **if he is coming.**
Nebensätze	Nebensätze, die vor einem Hauptsatz stehen, werden, auch wenn sie verkürzt sind, durch Komma vom Hauptsatz abgetrennt.	Vor kurzen adverbialen Nebensätzen, die unmittelbar nach dem Hauptsatz stehen und mit diesem eng verbunden sind.
	• **During the English lesson,** Peter fell asleep.	• Wait **until I am ready.**
		Nebensätze, die mit **that** (daß) eingeleitet werden, dürfen, im Gegensatz zum Deutschen, nicht durch Komma abgetrennt werden.
		• I told him **that I never want to see him again.**

	Komma	Kein Komma
	Ausmalende Relativsätze, die zum Verständnis des Satzes nicht notwendig sind, werden durch Komma vom Hauptsatz abgetrennt.	Notwendige Relativsätze, die zum Verständnis des Satzes notwendig sind, dürfen nicht durch Komma abgetrennt werden.
	• A young man, **whom I don't know,** left the house a few minutes ago.	• My friend **who took his exam last week** went to England.
Direkte/ indirekte Rede	Vor der direkten Rede kann statt des Doppelpunkts das Komma stehen.	Vor der indirekten Rede und in indirekten Fragen steht im Gegensatz zum Deutschen kein Komma.
	• Peter asked me, «**Can you lend me your bicycle?**»	• Peter asked me **if I could lend him my bicycle.**
Infinitiv		Vor dem reinen Infinitiv und dem Infinitiv + **to**.
		• I heard him **go into the house.** • They asked me **to come.**
Gerundialkonstruktionen		Vor Konstruktionen mit gerund (Gerundialkonstruktionen).
		• He came back **without telling** us where he was.
Adverbiale Bestimmungen	Die folgenden Adverbien und adverbialen Bestimmungen werden zwischen Kommas gesetzt, vor allem wenn eine Sprechpause gemacht wird. • **anyhow** • **besides** • **for example** • **for instance** • **however** • **indeed** • **in fact** • **moreover** • **of course** • **on the contrary** • **on the other hand** • **still** • **then** • **therefore** • **though** • **too**	
	• Peter, **however,** did his homework carefully.	

	Komma	Kein Komma
	Nach adverbialen Bestimmungen am Satzanfang und am Satzende.	
	• **This morning,** I met Peter at the station. • I met Peter at the station, **yesterday.**	
Aufzählungen	In Aufzählungen, auch wenn die einzelnen Teile durch **and** oder **or** verbunden sind.	
	• He bought **bread, cheese, milk, and butter**.	
and	Vor **and** steht auch das Komma, wenn ein zweites Prädikat hinzukommt, das sich auf dasselbe Subjekt bezieht wie das erste.	
	• *Our father leaves* the house at 8 o'clock**, and comes back** at 5 o'clock.	
Datum	In Datumsangaben steht ein Komma vor der Jahreszahl, vor allem wenn der Monatsname vor der Tageszahl steht.	In Datumsangaben kann das Komma fehlen, vor allem wenn die Tageszahl vor dem Monatsnamen steht.
	• April 15th**, 1997** • April 15**, 1997** • 15th April**, 1997**	• 15th April **1997**
Mehrstellige Zahlen	In vier- und mehrstelligen Zahlen steht das Komma, ausgenommen bei Jahreszahlen, zur Abtrennung von je 3 Stellen.	
	• **2,368** • **22,897** • **987,654,654**	
Anrede	Nach der Anrede am Satzanfang sowie bei der Anrede und in der Schlußformel von Briefen.	

	Komma	Kein Komma
	• **My dear boy,** you won't go out. • **Dear Peter, ...** • **Yours sincerely, ...**	
Ausrufewörter	Nach Ausrufewörtern steht ein Komma oder ein Ausrufezeichen.	
	• **Oh,** I am sorry! • **Oh!** I am sorry!	

Das Fragezeichen (The Question Mark; Mark, Note of Interrogation)

Das Fragezeichen steht zur Kennzeichnung einer Frage.

- Can you please pass me the salt**?**
- Where do you come from**?**

Das Ausrufezeichen (The Exclamation Mark, Note of Exclamation)

Das Ausrufezeichen steht am Ende des Ausrufesatzes und nach Ausrufewörtern.
Bei der bloßen Aufforderung steht der Punkt.

- What a nice little boy**!** she cried out.
- Oh**!** I'm sorry**!**
- Oh, I'm sorry**!**
- Please pass me the salt**.**

Der Doppelpunkt (The Colon)

Der Doppelpunkt kann zur Einleitung folgender Aufzählungen, eines folgenden Satzes oder zur Einleitung der direkten Rede stehen. Zur Einleitung der direkten Rede kann auch das Komma stehen.

- Please find enclosed**:** our offer and three copies.
- He asked**:** <<Can you lend me your book?>>
  He asked**,** <<Can you lend me your book?>>

Die Anführungszeichen (The Quotation Marks)

Die Anführungszeichen kennzeichnen die direkte Rede, wobei << >> eher im britischen und ❝ ❞ im amerikanischen Englisch stehen.

- He said: **«**Read the text by tomorrow.**»**
- He said: **❝**Read the text by tomorrow.**❞**

Der Bindestrich (The Hiphen)

Es lassen sich keine allgemeingültigen Regeln dafür aufstellen, wann ein Bindestrich gesetzt wird. Auch gibt es erhebliche Unterschiede zwischen britischem und amerikanischem Englisch. Im Zweifelsfall sollte besser ein Wort ohne Bindestrich oder zwei Wörter geschrieben werden.

	1 Wort (ohne Bindestrich)	2 Wörter (ohne Bindestrich)
Eigennamen		Eigennamen, die aus zwei Wörtern bestehen.
		• **Buckingham Palace** • **Central Park**
Gebräuchliche Zusammensetzungen	Zusammensetzungen werden, sofern sie Gegenstände des täglichen Lebens bezeichnen und somit häufig verwendet werden und nur eine betonte Silbe (meist die erste) haben, zusammengeschrieben.	Zusammensetzungen werden, sofern sie weniger gebräuchlich sind, längere Bestandteile oder mehr als eine betonte Silbe haben, getrennt geschrieben.
	• **bedroom** • **suitcase**	• **insurance policy** • **woman teacher**

	Bindestrich	2 Wörter (ohne Bindestrich)
Substantiv + Substantiv	Zusammensetzungen aus mehreren Substantiven.	Zusammensetzungen aus mehreren durch **of** verbundene Substantive.
	• **commander-in-chief** • **brother-in-law**	• **chief of staff** • **Secretary of State**
Substantiv + gerund	Zusammensetzungen aus Substantiv und gerund werden im britischen Englisch durch Bindestrich verbunden.	Zusammensetzungen aus Substantiv und gerund werden im amerikanischen Englisch generell und im britischen Englisch zunehmend getrennt geschrieben.
	• **walking-stick** • **dining-room**	• **walking stick** • **dining room**
Substantiv + Adjektiv	Zusammensetzungen aus Substantiv und Adjektiv.	Zusammensetzungen aus Substantiv und nachgestelltem Adjektiv.
	• **light-blue** • **sky-blue**	• **director general** • **accounts receivable**

	Bindestrich	2 Wörter (ohne Bindestrich)
Verb + Präposition	Zusammensetzungen aus Verb und Präposition.	
	• **knock-out** • **make-up**	

	Bindestrich	1 Wort (ohne Bindestrich)
Adjektiv + Adjektiv	Zusammensetzungen aus Adjektiv und Adjektiv.	
	• **red-hot** • **brand-new**	
Adjektiv + Partizip	Zusammensetzungen aus Adjektiv und Partizip.	Zusammensetzungen aus Adjektiv und Partizip werden im amerikanischen Englisch häufig zusammengeschrieben.
	• **old-fashioned** • **new-born**	• **oldfashioned** • **newborn**
Zusammensetzungen mit einer Vorsilbe	Zusammensetzungen mit Vorsilben.	Zusammensetzungen mit Vorsilben werden im amerikanischen Englisch meist zusammengeschrieben.
	• **to co-operate** • **non-stop**	• **to cooperate** • **nonstop**
Zahlen	Zahlen aus Zehnern und Einern zwischen 21 und 99.	
	• **twenty-one** • **ninety-nine**	

Der Gedankenstrich (The Dash)

Der Gedankenstrich kennzeichnet den Wechsel des Themas, des Sprechers oder eine längere Pause und er betont einen Gegensatz.

- In our last meeting we talked about this problem. – Has anybody seen Mr Smith?
- He tried again and again – but it was useless.

Die Silbentrennung (Syllable Division, Syllabification)

Die Silbentrennung kann nur bei mehrsilbigen Wörtern vorgenommen werden und erfolgt im Englischen nach Sprechsilben und nach Wortbestandteilen.
Da die Silbentrennung im Englischen sehr kompliziert ist, empfiehlt es sich so wenig wie möglich zu trennen.

Silbentrennung nach Sprechsilben

Die Silbentrennung nach Sprechsilben erfolgt im wesentlichen nach denselben Regeln wie im Deutschen.

Einzelner Vokal am Wortanfang

Ein einzelner Vokal am Wortanfang darf nicht abgetrennt werden.

- **a**bout
- **a**shamed

Zwei aufeinanderfolgende Vokale

Zwei aufeinanderfolgende Vokale werden getrennt, wenn jeder zu einer Sprechsilbe gehört.

- Jan**u-a**ry
- **re-a**lity
- tr**i-u**mph

Vokal + Konsonant + Vokal

Ein Konsonant, der zwischen zwei Vokalen steht, wird an den zweiten Vokal angeschlossen.

- ch**a-ra**de
- br**o-ca**de
- m**o-ne**y

Kurzer, betonter Vokal + Konsonant

Ein kurzer, betonter Vokal bildet mit einem folgenden Konsonanten eine untrennbare Einheit.

- g**ov**-ernment
- l**im**-it
- m**oth**-er

Doppelkonsonant

Zwei gleiche Konsonanten werden getrennt.

- gra**m-m**ar
- sto**p-p**ing

Konsonantenverbindung -st

Die Konsonantenverbindung **-st** wird, im Gegensatz zum Deutschen, getrennt, außer wenn das Wort mit einer Vorsilbe beginnt.

- chemi**s-t**ry
- ho**s-t**age
- con-**st**ruction

Konsonantenverbindungen -ch, -ck, -dg, -ng, -ph, -sh, -th, -tch

Konsonantenverbindungen aus **-ch, -dg, -ng, -ph, -sh, -th** und **-tch** werden nicht getrennt und werden nach langem Vokal an die zweite Silbe angehängt. Nach kurzem, betontem Vokal werden sie an die erste Silbe angehängt.
Die Verbindung **-ck** und der Konsonant **-x** werden stets an die erste Silbe angehängt.

- mer-**ch**ant
- so**ph**-is-ti-cat-ed
- po**ck**-et
- e**x**-ample

Konsonant + -l oder -r

Konsonant und nachfolgendes **-l** oder **-r** bilden eine untrennbare Einheit.
Geht ihnen ein kurzer, betonter Vokal voraus, dürfen sie getrennt werden.

- trou-**bl**e
- pen-**tr**y
- pro**b-l**em
- pu**b-l**ish

Silbentrennung nach Wortbestandteilen

Flexions- und andere Ableitungsendungen

Flexionsendungen, die durch die Bildung von Partizipien, Steigerung von Adjektiven, Pluralbildung etc. entstehen und andere Ableitungsendungen werden abgetrennt.

- froz-**en**
- writ-**er**
- writ-**ing**
- nic-**er**

Vor- und Nachsilben

Vor- und Nachsilben werden vom Restwort abgetrennt.

- **re**-turn
- remark-**able**

Zusammengesetzte Wörter

Zusammengesetzte Wörter werden nach ihren ursprünglichen Bestandteilen getrennt.

- **bed-room**
- **hair-dresser**

A

Abstraktum (Plural: **Abstrakta**) (abstract noun)
Substantiv, mit dem etwas Nichtgegenständliches bezeichnet wird; *Begriffswort*

Adjektiv (adjective)
bezeichnet eine Eigenschaft; *Eigenschafts-, Wiewort*

Adjektiv, attributives (attributive adjective)
Adjektiv, das beim Substantiv steht

Adjektiv, prädikatives (predicative adjective)
Adjektiv, das mit dem Substantiv durch ein Verb verbunden ist

Adverb (adverb)
bezeichnet die Art und Weise, den Ort oder die Zeit, die Menge, den Grad, die Intensität; *Umstandswort*

Adverb, abgeleitetes (derivative adverb)
von einem Adjektiv abgeleitetes Adverb, das im Englischen auf **-ly** endet

Adverb, ursprüngliches (original adverb)
Adverb ohne besondere Form

Adverbialsatz (adverbial clause)
Nebensatz anstelle einer adverbialen Bestimmung

Akkusativ
der vierte der vier Kasus; *wen-Fall*

Akkusativobjekt
Satzteil, der im Akkusativ steht; *direktes Objekt*

Aktiv (active voice)
Handlung, die vom Subjekt durchgeführt wird; *Tatform, Tätigkeitsform*

Antonym (antonym)
Wort, welches das Gegenteil ausdrückt; *Gegen(satz)wort*

Appellativum (Plural: **Appellativa**) (common noun)
Substantiv, mit dem eine Gattung von Lebewesen oder Dingen bezeichnet wird; *Gattungsname*

Artikel (article)
Begleiter des Substantivs, der das Geschlecht des Substantivs angibt; *Geschlechtswort*

Artikel, bestimmter (definite article)
der, die, das bzw. **the**

Artikel, unbestimmter (indefinite article)
ein, eine bzw. **a, an**

Attribut (attribute)
hinzugefügtes Satzglied, das für das Verständnis des Satzes nicht notwendig ist; *Beifügung*

Attributsatz (attributive clause)
Nebensatz anstelle eines Attributs

Aufforderungssatz (imperative clause)
Satz, der eine Aufforderung, einen Befehl ausdrückt

Ausrufesatz (exclamatory clause)
Satz, in dem ein Ausruf ausgedrückt wird

Ausrufewort
→ Interjektion

Aussagesatz (clause of statement)
Satz, in dem ein Sachverhalt behauptet oder mitgeteilt wird

B

Bedingungssatz
→ Konditionalsatz

Befehlsform
→ Imperativ

Begriffswort
→ Abstraktum

Beifügung
→ Attribut

Besitzfall
→ possessive case

Bestimmung, adverbiale (adverbial element)
Zeit-, Ortsangaben, Angaben der Art und Weise, des Grundes und der Ursache; *Umstandsbestimmung*

Beugung
→ Flexion, Deklination, Konjugation

Bindewort
→ Konjunktion

C

Common Case
Substantiv, das Subjekt oder indirektes bzw. direktes Objekt ist; *Subjekt-, Objektfall*

Continuous Form
Verbform, die den Verlauf, die Kontinuität bezeichnet; *progressive form*

D

Dativ
der dritte der vier Kasus, *wem-Fall*

Dativobjekt
Satzteil, der im Dativ steht; *indirektes Objekt*

Deklination (declination)
Abwandlung der Grundform von Substantiven, Artikeln, Pronomen und Adjektiven bezüglich Numerus, Genus und Kasus

Demonstrativpronomen (demonstrative pronoun)
weist auf eine bestimmte Person oder Sache hin; *hinweisendes Fürwort*

Determinativpronomen (determinative pronoun)
weist auf eine folgende Person oder Sache hin; *bestimmendes Fürwort*

Diphthong (diphtongue)
Doppellaut, Gleitlaut aus zwei Vokalen

Dingwort
→ Substantiv

E

Eigenschaftswort
→ Adjektiv

Eigenname (proper noun)
Substantive, die Sachen und Personen bezeichnen, die einmalig sind

Einzahl
→ Singular

Entscheidungsfrage (yes-/no-question)
Fragesatz, der als Antwort eine Ja-/Nein-Antwort erwartet

Ergänzung, prädikative (predicative complement)
Adjektiv oder Substantiv, das sich auf das Subjekt oder Objekt bezieht

F

Fall
→ Kasus

Feminin(um) (feminine)
das weibliche der drei Genera

Finalsatz (final clause)
Nebensatz, der einen Zweck, eine Absicht ausdrückt

Flexion (inflection)
zusammenfassende Bezeichnung für Deklination und Konjugation; *Beugung*

Frage, direkte (direct question)
Frage, die selbst den Hauptsatz bildet und nicht in einen Nebensatz eingebettet ist

Frage, indirekte (indirect question)
Frage, die in einen Nebensatz eingebettet ist

Fragefürwort
→ Interrogativpronomen

Fragesatz (interrogative clause)
Satz, in dem eine Frage formuliert wird

Fragewort (question word)
Wort, mit dem eine Frage eingeleitet wird

Fürwort
→ Pronomen

Futur I
Zeitform zur Bezeichnung der Zukunft; *unvollendete Zukunft*

Futur II
Zeitform, die ausdrückt, daß zu einem bestimmten Zeitpunkt in der Zukunft eine Handlung abgeschlossen sein wird; *vollendete Zukunft*

Future Tense
Zeitform zur Bezeichnung von Vorgängen, die von der Gegenwart aus gesehen in der Zukunft liegen

Future Perfect
Zeitform zur Bezeichnung von Vorgängen, die an einem Zeitpunkt der Zukunft abgeschlossen sein werden

Future in the Past
Zeitform zur Bezeichnung von Vorgängen, die von einem Zeitpunkt der Vergangenheit aus gesehen noch nicht geschehen waren

Future Perfect in the Past
Zeitform zur Bezeichnung von Vorgängen, die von einem Zeitpunkt der Vergangenheit aus gesehen an einem Zeitpunkt in der Zukunft abgeschlossen sein werden

G

Gattungsname
→ Appellativum

Gegenstandswort
→ Konkretum

Gegenwart
→ Präsens

Gegenwart, vollendete
→ Perfekt

Gegen(satz)wort
→ Antonym

Genitiv
der zweite der vier Kasus; *wessen-Fall*

Genitivobjekt
Satzteil, der im Genitiv steht

Genus (Plural: **Genera**) (gender)
das grammatische Geschlecht eines Substantivs, Artikels, Adjektivs oder Pronomens; *Geschlecht*

Gerund
infinite Verbform auf **-ing**, die die Funktion eines Substantivs, Verbs, Nebensatzes übernimmt

Geschlecht
→ Genus

Geschlechtswort
→ Artikel

Gliedsatz
→ Nebensatz

Grundform
→ Infinitiv

Grundstufe
→ Positiv

Grundzahl
→ Kardinalzahl

H

Hauptsatz (main, principal clause)
übergeordneter Teilsatz in einem Satzgefüge, der alleine stehen kann

Hauptwort
→ Substantiv

Hilfsverb (auxiliary verb)
Verb, das zur Bildung der zusammengesetzten Zeiten und des Passivs, verneinter und fragender Sätze gebraucht wird

I

Imperativ (imperative)
Verbform, die eine Aufforderung, einen Befehl ausdrückt; *Befehlsform*

Imperfekt
→ Präteritum

Indefinitpronomen (indefinite pronoun)
Pronomen, das eine unbestimmte Person oder Sache bezeichnet; *unbestimmtes Fürwort*

Indikativ (indicative)
Verbform, die einen Zustand, Vorgang als tatsächlich, wirklich darstellt; *Wirklichkeitsform*

Indirekte Rede (indirect, reported speech)
Aussagen einer Person A werden durch eine Person B an eine dritte Person C weitergegeben

Infinitiv (infinitive)
nicht konjugierte Verbform; *Grund-, Nennform*

Interjektion (interjection)
Ausrufewort

Interpunktion (punctuation)
Zeichensetzung

Interrogativpronomen (interrogative pronoun)
Pronomen, das Fragesätze einleitet; *Fragefürwort*

Intonationsfrage (intonated question)
Frage, in der die Satzmelodie am Satzende nach oben geht

Inversionsfrage (inversion question)
Frage, bei der das Subjekt hinter das Prädikat tritt

Irrealis der Gegenwart (unreal present)
Bedingungssatz, der ausdrückt, daß die Erfüllung der Bedingung unwahrscheinlich ist

Irrealis der Vergangenheit (unreal past)
Bedingungssatz, der ausdrückt, daß die Bedingung unerfüllt bleibt

K

Kardinalzahl (cardinal number)
eins, zwei, drei, dreißig, hundert etc; *Grundzahl*

Kasus (case)
der Fall in dem ein deklinierbares Wort steht (Nominativ, Genitiv, Dativ und Akkusativ); *Fall*

Kausalsatz (causative clause)
Nebensatz, der den Grund, die Ursache ausdrückt

Kollektivum (Plural: **Kollektiva**) (collective noun)
Substantiv, das eine Gruppe gleichartiger Lebewesen und Dinge bezeichnet; *Sammelname*

Komparation (comparison)
Steigerung eines Adjektivs oder Adverbs; *Steigerung*

Komparativ (comparative)
die Steigerungsform eines Adjektivs oder Adverbs, die den ungleichen (höheren) Grad ausdrückt

Konditionalsatz (conditional clause, if-clause)
Nebensatz, der eine Voraussetzung, Bedingung ausdrückt; *Bedingungssatz*

Konjugation (conjugation)
Abwandlung der Grundform von Verben bezüglich Person und Zeit; *Beugung*

Konjunktion (conjunction)
Wort, das zur Verbindung von Haupt- und Nebensätzen dient; *Bindewort*

Konjunktion, adversative (adversative conjunction)
Konjunktion, die den Gegensatz ausdrückt

Konjunktion, anreihende (copulative conjunction)
Konjunktion zur Verbindung zweier Sätze oder Satzteile

Konjunktion, beiordnende (coordinating conjunction)
Konjunktion, die gleichartige Sätze (z. B. Haupt- und Hauptsatz) verbindet

Konjunktion, finale (final conjunction)
Konjunktion, die eine Absicht, einen Zweck ausdrückt

Konjunktion, kausale (causative conjunction)
Konjunktion, die den Grund, die Ursache angibt

Konjunktion, konsekutive (consecutive conjunction)
Konjunktion, die die Folge, die Wirkung ausdrückt

Konjunktion, konzessive (concessive conjunction)
Konjunktion, die eine Einräumung, ein Zugeständnis ausdrückt

Konjunktion, konditionale (conditional conjunction)
Konjunktion, die die Bedingung ausdrückt

Konjunktion, modale (modal conjunction)
Konjunktion, die die Begleitumstände, Mittel bezeichnet

Konjunktion, nebenordnende (coordinating conjunction)
Konjunktion, die gleichartige Sätze (z. B. Haupt- und Hauptsatz) verbindet

Konjunktion, temporale (temporal conjunction)
Konjunktion, die einen Zeitpunkt, Zeitraum angibt

Konjunktion, unterordnende (subordinating conjunction)
Konjunktion, die Nebensätze einleitet

Konjunktion, vergleichende (comparative conjunction)
Konjunktion, die einen Vergleich zum Ausdruck bringt

Konkretum (Plural: **Konkreta**) (concrete noun)
Substantiv, mit dem etwas Gegenständliches bezeichnet wird; *Gegenstandswort*

Konsekutivsatz (consecutive clause)
Nebensatz, der die Folge, die Wirkung ausdrückt

Konsonant (consonant)
Laut (Buchstabe), für dessen Aussprache noch ein anderer Laut benötigt wird, also alle außer den Vokalen; *Mitlaut*

Konzessivsatz (concessive clause)
Nebensatz, der eine Einräumung ausdrückt

L

Leideform
→ Passiv

M

Maskulin(um) (masculine)
das männliche, der drei Genera

Mehrzahl
→ Plural

Mitlaut
→ Konsonant

Mittelwort der Gegenwart
→ Partizip Präsens

Mittelwort der Vergangenheit
→ Partizip Perfekt

Modalverb (modal auxiliary verb)
Verb, das den Inhalt eines anderen Verbs abwandelt und mit dem Infinitiv eines anderen Verbs verbunden ist

Modus (mood)
Aussageweise. Zu den Modi zählen Indikativ, Konjunktiv, Konditional und Imperativ

N

Nebensatz (subordinate clause)
untergeordneter Teilsatz in einem Satzgefüge, der nicht alleine stehen kann; *Gliedsatz*

Negation (negation)
Verneinung einer Aussage

Nennform
→ Infinitiv

Nennwort
→ Substantiv

Neutrum (neuter)
das sächliche der drei Genera

Nomen
→ Substantiv

Nominativ
der erste der vier Kasus; *wer-Fall*

Numeral (numeral)
Wort, das eine Zahl bezeichnet; *Zahlwort*

Numerus (number)
Singular oder Plural eines Verbs oder Substantivs; *(An)Zahl*

O

Objekt (object)
Satzglied, das im Genitiv, Dativ oder Akkusativ steht

Objekt, direktes (direct object)
Satzglied, das im Englischen ohne Präposition an das Verb angeschlossen wird und im Deutschen im Akkusativ steht

Objekt, indirektes (indirect object)
Satzglied, das im Englischen mit **to** an das Verb angeschlossen wird und im Deutschen im Dativ steht

Objekt, präpositionales (prepositional object)
Objekt mit einer Präposition

Objektfall
→ common case

Objektsatz (object clause)
Nebensatz anstelle eines Objekts

Ordinalzahl (ordinal number)
der erste, der zweite, der dritte etc.; *Ordnungszahl*

Ordinary Form
→ simple form

Ordnungszahl
→ Ordinalzahl

P

Partizip (participle)
infinite Verbform, die keine Angaben über Person, Numerus, Modus und Tempus enthält

Partizip Präsens
Partizip, das im Deutschen an der Endung *-end (z. B.: gehend, sitzend)* zu erkennen ist; *Mittelwort der Gegenwart*

Partizip Perfekt
abgewandelte Form des Vollverbs, das zur Bildung der zusammengesetzten Zeiten benötigt wird *(z. B.: gegangen, gesessen)*; *Mittelwort der Vergangenheit*

Passiv (passive voice)
im Passiv wird eine Handlung nicht selbst vom Subjekt ausgeführt; *Leideform*

Past Participle
Verbform, die zur Bildung der zusammengesetzten Zeiten und des Passivs dient und in der Funktion eines Adjektivs oder anstelle von Nebensätzen steht

Past Perfect
Zeitform, die Vorgänge der Vorvergangenheit bezeichnet

Past Tense
Zeitform, die völlig abgeschlossene Vorgänge der Vergangenheit bezeichnet

Perfekt
Zeitform, die den Vollzug, Abschluß eines Vorgangs ausdrückt; *Vorgegenwart, vollendete Gegenwart*

Perfect Participle
Verbform anstelle von Nebensätzen zum Ausdruck, daß ein Vorgang vor einem anderen stattfand

Personalform
→ finites Verb

Personalpronomen (personal pronoun)
Pronomen, das eine Person bezeichnet; *persönliches Fürwort*

Plural (plural)
Mehrzahl

Plusquamperfekt
Zeitform, die den Vollzug, Abschluß eines Vorgangs ausdrückt, bevor eine andere Handlung ausgeführt, abgeschlossen ist; *Vorvergangenheit*

Positiv (positive)
Vergleichsform des Adjektivs oder Adverbs zum Ausdruck des gleichen Grades; *Grundstufe*

Possessive Case
bezeichnet ein Substantiv, das im Genitiv steht; *Besitzfall*

Possessivpronomen (possessive pronoun)
Pronomen, das ein Besitzverhältnis bezeichnet; *besitzanzeigendes Fürwort*

Prädikat (predicate)
Verb des Satzes. Es kann aus dem Vollverb oder aus dem Hilfsverb und Vollverb bestehen; *Satzaussage*

Präfix (profix)
Vorsilbe

Present Participle
Verbform, die zur Bildung der continuous form dient und die in der Funktion eines Adjektivs oder anstelle von Nebensätzen stehen kann

Present Tense
Zeitform, die die Gegenwart bezeichnet

Present Perfect
Zeitform zur Bezeichnung von Vorgängen, die von der Vergangenheit bis in die Gegenwart reichen

Progressive Form
→ continuous form

Präposition (preposition)
bezeichnet die Beziehung, das Verhältnis zwischen Wörtern; *Verhältniswort*

Präsens
Zeitform, die den Ablauf eines Vorgangs in der Gegenwart ausdrückt; *Gegenwart*

Präteritum
Zeitform, die ausdrückt, daß ein Vorgang abgeschlossen, beendet ist; *1. Vergangenheit*

Pronomen (pronoun)
Begleiter oder Stellvertreter des Substantivs; *Fürwort*

Pronomen, attributives (attributive pronoun)
Pronomen, das nicht ohne Substantiv stehen kann

Pronomen, substantivisches (substantival pronoun)
Pronomen, das ohne Substantiv steht

R

Realis (real present)
Bedingungssatz, der eine erfüllbare Bedingung ausdrückt

Reflexivpronomen (reflexive pronoun)
Pronomen, das dieselbe Person wie das Subjekt bezeichnet; *rückbezügliches Fürwort*

Relativpronomen (relative pronoun)
Pronomen, das sich auf ein vorausgehendes Substantiv bezieht; *bezügliches Fürwort*

Relativsatz (relative clause)
Nebensatz, der durch ein Relativpronomen eingeleitet wird

Relativsatz, ausmalender (non-defining relative clause)
Relativsatz, der zum Verständnis des Satzes nicht notwendig ist

Relativsatz, notwendiger (defining relative clause)
Relativsatz, der zum Verständnis des Satzes notwendig ist

Reziprokpronomen (reciprocal pronoun)
Pronomen, das die Gegenseitigkeit, Wechselseitigkeit ausdrückt

S

Sammelname
→ Kollektivum

Satzaussage
→ Prädikat

Satzgefüge (compound sentence)
Satz, der aus mindestens einem Hauptsatz und einem Nebensatz besteht

Sein-Passiv
→ Zustandspassiv

Selbstlaut
→ Vokal

Simple Form
Verbform, die keinen Verlauf ausdrückt; *ordinary form*

Singular (singular)
Einzahl

Steigerung
→ Komparation

Stoffname (substantial noun)
Masse- und Materialbezeichnung

Subjekt (subject)
Satzglied im Nominativ, das eine Handlung ausführt

Subjekt, grammatisches, unbestimmtes (grammatical subject)
Subjekt, das keine Person bezeichnet. Im Deutschen ist dieses das Pronomen *es*, im Englischen **it**

Subjektfall
→ common case

Subjektsatz (subject clause)
Nebensatz anstelle eines Subjekts

Substantiv (noun)
Wort, das ein Lebewesen, eine Pflanze oder einen Gegenstand bezeichnet; *Nomen, Nenn-, Ding-, Hauptwort*

Substantiv, abgeleitetes (derivative noun)
von einer anderen Wortart abgeleitetes Substantiv

Substantiv, abgewandeltes (modified noun)
durch ein Suffix oder Präfix abgewandeltes Substantiv

Suffix (suffix)
Nachsilbe

Superlativ (superlative)
Steigerungsform des Adjektivs oder Adverbs, die den höchsten Grad ausdrückt

Synonym (synonym)
(annähernde) Bedeutungsgleichheit von Wörtern

Syntax (syntax)
(Lehre vom) Satzbau

T

Tatform
→ Aktiv

Tätigkeitsform
→ Aktiv

Tätigkeitswort
→ Verb

Temporalsatz (temporal clause)
Nebensatz, der einen Zeitpunkt, -raum ausdrückt

Tempus (Plural: **Tempora**) (tense)
Zeit(form)

Tunwort
→ Verb

U

Umlaut
ä, ö, ü

Umstandsbestimmung
→ Bestimmung, adverbiale

Umstandswort
→ Adverb

Ursubstantiv (original noun)
ursprüngliches, nicht durch ein Suffix oder Präfix abgewandeltes Substantiv

V

Verb (verb)
bezeichnet einen Zustand oder Vorgang, eine Tätigkeit oder Handlung; *Zeitwort, Tätigkeitswort, Tunwort*

Verb, faktitives (factitive verb)
Verben, die sonst ohne Objekt stehen, können auch mit einem direkten Objekt stehen

Verb, finites (finite verb)
Verbform mit Personen- und Zeitangabe, konjugierte Verbform

Verb, infinites (infinite verb)
Verbform ohne Personen- und Zeitangabe, nicht konjugierte Verbform

Verb, intransitives (intransitive verb)
Verb ohne Objektergänzung

Verb, kausatives (causative verb)
Verben, die sonst ohne Objekt stehen, können auch mit direktem Objekt stehen

Verb, reflexives (reflexive verb)
Verb mit einem Reflexivpronomen

Verb, reziprokes (reciprocal verb)
Verb, dessen Pronomen ein wechselseitiges Verhältnis angibt

Verb, transitives (transitive verb)
Verb mit einem direkten Objekt

Verb, unpersönliches (impersonal verb)
Verb, das nur in der 3. Person Singular verwendet werden kann

Vergangenheit
→ Präteritum

Verhältniswort
→ Präposition

Verlaufsform
→ continuous form

Vervielfältigungszahlwort (multiplying number)
Zahlwort, das angibt wie oft etwas vorhanden ist

Vokal (vowel)
Laut (Buchstabe), für dessen Aussprache kein anderer Laut benötigt wird (*a, e, i, o u*); *Selbstlaut*

Vollverb (full verb)
Verb, das das Prädikat alleine bilden kann

Vorgangspassiv
Passiv, das eine Handlung, einen Vorgang ausdrückt und im Deutschen mit *werden* gebildet wird; *werden-Passiv*

Vorgegenwart
→ Perfekt

Vorvergangenheit
→ Plusquamperfekt

W

Wem-Fall
→ Dativ

Wen-Fall
→ Akkusativ

Werden-Passiv
→ Vorgangspassiv

Wer-Fall
→ Nominativ

Wes(sen)-Fall
→ Genitiv

Wiederholungszahlwort
→ Vervielfältigungszahlwort

Wiewort
→ Adjektiv

Wirklichkeitsform
→ Indikativ

Z

Zahladjektiv
→ Numeral

Zahlwort
→ Numeral

Zeichensetzung
→ Interpunktion

Zeit, einfache (non-compound tense)
ohne Hilfsverb gebildete Zeit

Zeit, zusammengesetzte (compound tense)
mit einem Hilfsverb gebildete Zeit

Zeitwort
→ Verb

Zukunft, unvollendete
→ Futur I

Zukunft, vollendete
→ Futur II

Zustandspassiv
Passiv, das einen Zustand ausdrückt und im Deutschen mit *sein* gebildet wird; *sein-Passiv*

G

H

I

K

W